한 번 읽으면 절대 안 까먹는
어린이 고사성어

초판 1쇄 인쇄 2021년 10월 13일
초판 1쇄 발행 2021년 10월 20일

지은이 김성준

발행인 장상진
발행처 (주)경향비피
등록번호 제2012-000228호
등록일자 2012년 7월 2일

주소 서울시 영등포구 양평동 2가 37-1번지 동아프라임밸리 507-508호
전화 1644-5613 | **팩스** 02) 304-5613

ⓒ 김성준

ISBN 978-89-6952-476-8 74710
   978-89-6952-477-5 (세트)

· 값은 표지에 있습니다.
· 파본은 구입하신 서점에서 바꿔드립니다.

어린이 제품 안전 특별법에 의한 표시
제품명 도서 **제조자명** 경향BP **제조국** 대한민국 **전화번호** 1644-5613
주소 서울시 영등포구 양평동 2가 37-1번지 동아프라임밸리 507-508호
제조년월일 2021년 10월 20일 **사용연령** 8세 이상
※ KC마크는 이 제품이 공통안전기준에 적합하였음을 의미합니다.

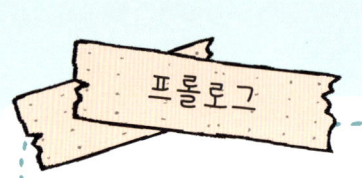

사람들이 사용하는 말은 물과 같아서 고정된 모습으로 있지 않고 항상 조금씩 변화하는 모습을 보여주고는 해요. 그래서 과거에는 사용되었던 낱말이 오늘날에는 완전히 사라지기도 하고, 그 뜻이 변하여 사용되기도 하지요. 없던 낱말이 새롭게 생겨나기도 하고요. 반면에 오랜 시간이 지나는 동안에도 그 가치를 인정받아서 지금까지도 꾸준히 사용되는 말들도 있어요. 그중 하나가 바로 고사성어입니다.

고사성어(故事成語)는 옛 이야기를 뜻하는 고사(故事)와 말을 이룬다는 뜻의 성어(成語)라는 낱말이 합쳐진 단어예요. 옛 이야기로부터 유래된 말이라는 뜻이랍니다. 보통 네 자의 한자로 이루어진 경우가 많습니다. 고사성어는 짧은 말 안에 지혜나 교훈을 담고 있는 경우가 많아 비유적이고 함축적으로 표현되어 있습니다. 그 뜻을 정확히 알지 못하면 '이게 무슨 말이지?' 하고 의문이 생길 수도 있어요. 그래서 이 책은 여러분이 그러한 어려움을 겪지 않도록 구성하였습니다.

각 부분을 조금 살펴보면 각 고사성어의 첫머리에는 고사성어를 이루는 한자가 어떤 뜻과 소리로 이루어졌는지 알 수 있게 하였습니다. 그리고 그 뜻을 쉽게 이해할 수 있도록 풀이해 놓았습니다. 한자들의 음과 뜻을 여러 번 반복해서 읽어보거나 한번쯤 써 보는 것도 여러분의 어휘력과 한자 실력 향상에 도움이 될 것입니다.

두 번째 부분인 엉뚱발랄 남매의 대화에서는 일상생활 속에서 이 고사성어가 어떻게 사용되는지 알 수 있도록 남매의 대화 중에 고사성어가 실제 사용되는 예를

들어 보았습니다. 사실 고사성어를 알아도 글이나 말에서 어떻게 사용해야 하는지 모르는 경우가 많아서 어린이 여러분이 남매의 대화를 통해서 자연스럽게 고사성어의 사용법을 알 수 있도록 하였습니다.

잠깐! 똑똑해진 남매의 퀴즈 부분에서는 해당 고사성어와 관련된 여러 가지 질문을 남매가 주고받습니다. 그 답에는 비슷한 뜻, 반대되는 뜻을 가진 고사성어와 고사성어 속의 한자로 이루어진 낱말 등이 포함되어 있습니다. 남매의 답변을 읽고 생각해 보거나 궁금한 점에 대해 좀 더 찾아본다면 더 많은 것을 알 수 있게 되고 그로 인하여 자연스럽게 어휘력이 길러질 것이라 생각됩니다.

마지막으로 고사성어 깊이 파헤치기에서는 고사성어가 생겨난 유래, 출처 등을 알 수 있답니다. 오래된 이야기인 고사성어의 특성상 지금의 어린이들이 이해하기에는 조금 어려울 수도 있습니다. 하지만 이 책에서는 어린이 여러분이 이해할 수 있도록 쉽고 짧은 이야기로 고사성어의 유래를 다시 구성하여 그에 대한 이해를 높일 수 있도록 하였습니다.

이 책에는 100개의 고사성어가 소개되어 있습니다. 아는 고사성어를 만난다면 반가운 마음이 들 것이고, 모르는 고사성어를 만난다면 새로운 지식을 쌓는 즐거움을 누릴 수 있겠지요. 그 길에 엉뚱발랄 남매가 함께해 더 많은 즐거움을 선사할 것입니다. 어려워하지 말고, 걱정하지 말고 책 속으로 여행을 떠나볼까요?

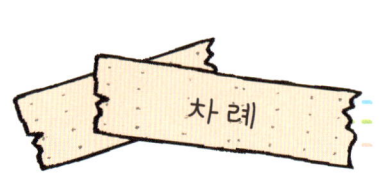  

차례

가렴주구 — 8	기호지세 — 42	문전성시 — 76
각주구검 — 10	난형난제 — 44	미생지신 — 78
결초보은 — 12	낭중지추 — 46	반면지교 — 80
고육지책 — 14	내우외환 — 48	반포지효 — 82
곡학아세 — 16	노마지지 — 50	발본색원 — 84
공전절후 — 18	누란지세 — 52	방약무인 — 86
과유불급 — 20	다다익선 — 54	배수지진 — 88
관포지교 — 22	당랑거철 — 56	백면서생 — 90
괄목상대 — 24	대기만성 — 58	백전백승 — 92
교각살우 — 26	도원결의 — 60	백중지간 — 94
구밀복검 — 28	동병상련 — 62	병가상사 — 96
구사일생 — 30	득의양양 — 64	복거지계 — 98
군계일학 — 32	마이동풍 — 66	분골쇄신 — 100
권토중래 — 34	망연자실 — 68	불비불명 — 102
근묵자흑 — 36	맹모삼천 — 70	비육지탄 — 104
금의환향 — 38	명경지수 — 72	사면초가 — 106
기인지우 — 40	명불허전 — 74	살신성인 — 108

삼고초려 — 110	오매불망 — 144	중구난방 — 178
삼인성호 — 112	오합지중 — 146	지록위마 — 180
상전벽해 — 114	와신상담 — 148	🍒 천고마비 — 182
새옹지마 — 116	용두사미 — 150	🍃 쾌도난마 — 184
선공후사 — 118	우공이산 — 152	🍒 타초경사 — 186
성동격서 — 120	유비무환 — 154	토사구팽 — 188
소리장도 — 122	유유상종 — 156	🍃 파부침선 — 190
소탐대실 — 124	읍참마속 — 158	파죽지세 — 192
수구초심 — 126	이심전심 — 160	🍒 함흥차사 — 194
수불석권 — 128	이호경식 — 162	허장성세 — 196
수어지교 — 130	일거양득 — 164	형설지공 — 198
순망치한 — 132	임기응변 — 166	호가호위 — 200
🍒 암중모색 — 134	🍃 자포자기 — 168	호접지몽 — 202
양두구육 — 136	정중지와 — 170	화룡점정 — 204
양약고구 — 138	조령모개 — 172	화사첨족 — 206
어부지리 — 140	조삼모사 — 174	
오리무중 — 142	죽마지우 — 176	

가렴주구가 뭐야?

가렴주구
苛 斂 誅 求
가혹할 **가** 거둘 **렴** 벨 **주** 구할 **구**

가렴은 세금을 가혹하게 거두는 것을 말하고, 주구는 관청에서 백성의 재물을 강제로 빼앗는 것을 말합니다. 둘 다 백성들에게는 무척 힘든 상황이겠네요. 이처럼 가혹한 정치 상황을 일컫는 말입니다.

엉뚱발랄 남매의 대화

잠깐! 똑똑해진 남매의 퀴즈

'가렴주구'는 혹독한 정치를 가리키는 말이야.
비슷한 고사성어가 있을까?

'가정맹어호'라는 고사성어가 있어. 가혹한 정치는 호랑이보다 무섭다는 말이야. 그리고 '도탄에 빠졌다'는 표현도 많이 들었어.

그건 무슨 뜻이야?

정치가 가혹해서 진흙이나 숯불에 빠진 듯한 고통을 받는다는 뜻이야.

정치에 대해 너무 부정적인 고사성어만 나오네.
혹시 긍정적인 표현은 없을까?

'태평성대'라는 표현이 있어.
어질고 착한 임금이 다스리는 아무 걱정 없는 세상을 말해.

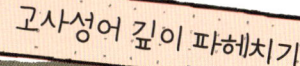

고사성어 깊이 파헤치기

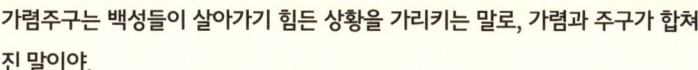

가렴주구는 백성들이 살아가기 힘든 상황을 가리키는 말로, 가렴과 주구가 합쳐진 말이야.

먼저 가렴에 대해 얘기하자면 당나라 헌종 때 나라가 어려워지자 황보박이라는 사람을 재상으로 정해서 나라를 다스리게 해. 근데 황보박은 백성들로부터 세금을 너무 가혹하게 거두어서 많은 원성을 듣게 돼. 그래서 결국 재상 자리에서 물러나게 되지. 여기에서 가렴이라는 말이 유래되었어.

주구는 크고 강한 나라 사이에 끼어 시도 때도 없이 가혹하게 공물을 바쳐야 했던 중국의 정나라라는 아주 작은 나라에서 유래되었어.

각주구검이 뭐야?

각주구검
刻 舟 求 劍
새길 **각** 배 **주** 구할 **구** 칼 **검**

강을 건너는 배에 표시를 새겨 놓고 검을 찾는다는 뜻입니다. 요즘으로 치면 승용차를 타고 가다 실수로 물건을 떨어뜨리고는 내려서 주울 생각을 안 하고 떨어뜨린 장소를 차에 표시해 두는 격이에요. 융통성이 없어서 현실에 맞지 않는 어리석은 생각을 고집한다는 뜻입니다.

엉뚱발랄 남매의 대화

> 왜 이렇게 늦었어? 빨리 가야하는데...

> 화장실 다녀오느라 늦었어. 4층까지 갔다 오느라.

> 이런 각주구검 같은 경우를 봤나. 화장실이 2층에도 있는데 굳이 왜 4층까지 가고 그래?

2층

> 2층 화장실은 생각도 못했다. 에이 괜히 힘만 뺐네.

> 아, 맞다. 맨날 가던 4층 화장실만 생각나고

으이궁

 **잠깐! 똑똑해진 남매의 퀴즈**

'각주구검'과 비슷한 뜻을 가진 말에는 무엇이 있을까?

 '수주대토'나 '견강부회'가 있어.

어떤 뜻이야?

 '수주대토'는 되지도 않을 일을 고집부리는 어리석음을 말하고, '견강부회'는 이치에 맞지 않는 말을 억지로 끌어 붙여 자기에게 유리하게 하는 것을 말해.

그렇구나. 그럼 반대되는 말도 있을까?

 이치에 밝고 분별력이 있어 적절한 행동으로 자신을 잘 보호한다는 뜻의 '명철보신'이 있어.

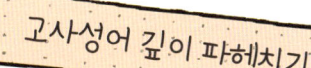 **고사성어 깊이 파헤치기**

초나라의 한 젊은이가 어느 날 배를 타고 강을 건너는 중이었어.
그러다가 실수로 들고 있던 칼을 물속에 빠트리고 만 거야.
그는 칼을 찾겠다는 생각에 칼을 떨어뜨린 곳에서 다른 칼로 배에 칼자국을 내서 표시를 해 두었어.
그러고는 나루터에 도착하자 표시해 둔 곳 밑으로 들어가서 칼을 찾기 시작했어.
배는 벌써 한참을 움직였는데 그곳에 칼이 있을 리가 없었겠지.

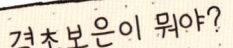

결초보은이 뭐야?

결초보은
結草報恩
맺을 **결** 풀 **초** 갚을 **보** 은혜 **은**

풀을 맺어서 은혜를 갚는다는 뜻입니다. 옛날 전쟁터에서는 적군의 말을 막기 위해 여러 가지 장애물이나 무기를 사용했습니다. 은혜를 갚기 위해 풀을 묶어 말의 공격을 막아 목숨을 구해주었다는 이야기에서 유래되어 죽어서까지 은혜를 잊지 않고 갚는다는 뜻으로 사용됩니다.

엉뚱발랄 남매의 대화

"이번만 도와주면 그 은혜는 잊지 않을게."

흐음~

"부모님 속이는 건 좀 그런데..."

"그러지 말고 이번만 좀 도와줘. 결초보은의 마음으로 살게."

"그렇게까지 말한다면 도와줄게."

"오늘 단원평가 본다고 한 거 같은데 결과는 잘 나왔니!?"

망했다... 아빠가 저런 것까지 기억하실 줄이야.

잠깐! 똑똑해진 남매의 퀴즈

 은혜가 무슨 뜻인지 알아?

다른 사람들이 베풀어 주는 혜택 같은 것을 말하지.

'결초보은'과 비슷한 고사성어에는 뭐가 있게?

 좀 어려운데.

'백골난망'이라는 고사성어가 있어. 백골이 되어서도, 즉 죽어서도 잊지 못하는 큰 은혜라는 뜻이야.

 백골이라니 좀 으스스하네.

고사성어 깊이 파헤치기

진나라의 위무자라는 사람은 아들 위과에게 자신이 죽으면 자신의 첩을 다른 곳에 결혼시키라고 했지. 하지만 마지막 유언으로는 자신과 같이 묻어 달라고 했어. 첩은 갑자기 죽을 목숨이 된 거지. 이때 위과는 아버지의 정신이 올바르셨을 때 하신 말씀을 따른다며, 첩을 죽이지 않고 다른 사람과 결혼을 하도록 해 줘. 그 후 위과가 전쟁에 나가 위험한 상황에 빠졌는데, 적의 말이 묶인 풀에 걸려 넘어지면서 목숨을 구하게 돼. 그 날 꿈에 위과가 목숨을 구해 준 첩의 아버지가 나타나 자신이 은혜를 갚기 위해 풀을 묶어 두었다고 이야기를 하지. 이것이 '결초보은'이라는 고사성어의 유래가 돼.

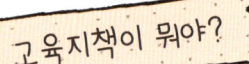

고육지책이 뭐야?

고육지책
苦肉之策
쓸 **고**　고기 **육**　갈 **지**　꾀 **책**

자기 몸을 상하게 하면서까지 꾸며내는 계책, 즉 꾀나 방법을 말합니다. 고통을 참으면서까지 꾸며내는 방법이니 그 방법을 생각할 수밖에 없는 상황은 얼마나 어려운 것일까요. 그래서 고육지책은 어려운 상태를 벗어나기 위해 어쩔 수 없이 꾸며내는 계책을 이야기합니다.

엉뚱발랄 남매의 대화

그건 너무 무리한 계획 아니야?

아니야, 어쩔 수 없어. 이럴 땐 고육지책을 써야 해.

맞아, 손해인 건 분명해.

하 지 만!

평일 오후에 잠깐 놀겠다고 주말 자유 시간권을 엄마한테 반납하다니, 너무 손해인데?

약속을 잘 지켜서 멋지다고 해야 할지

그렇다고 오후에 놀겠다고 한 약속을 어길 수는 없어.

당장 놀고 싶은 걸 못 참는다고 놀려야 할지 잘 모르겠네.

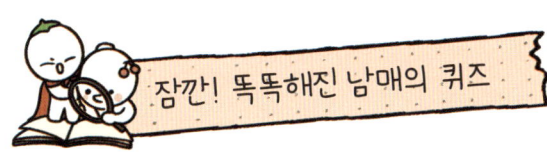

'고육지책'이 유래된 <삼국지연의>에서 가장 유명한 전투가 뭔지 알아?

 당연히 알지. 적벽대전이잖아.

적벽대전이 누구와 누구의 전쟁인지도 알겠네.

 그럼, 유비와 손권이 조조에 대항했던 전투지.

근데 너 <삼국지연의> 읽어 봤어?

 당연히 만화책으로 읽어 봤지. ㅎㅎ

고사성어 깊이 파헤치기

오나라의 손권과 형주의 유비가 힘을 합쳐 위나라의 조조와 맞서 싸운 적벽대전이 일어나기 전의 일이야.

연합군의 총사령관 주유는 이길 방법을 찾지 못하고 있었지. 이때 그의 부하 황개가 조조에게 항복하자고 해. 그에 화가 난 주유는 황개에게 매우 심한 벌을 줘. 화가 난 황개는 조조에게 항복을 한다는 편지를 보내 버리지. 조조는 처음에는 믿지 않았지만, 결국 황개를 믿고 그를 받아들이기로 해. 그러자 황개는 배를 이끌고 조조의 진영으로 가서 조조의 배에 모조리 불을 질러 버려.

맞아. 황개는 조조를 믿게 하기 위해 '고육지책'을 썼고, 이에 당한 조조는 큰 패배를 하게 된 거지.

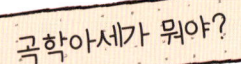
곡학아세가 뭐야?

곡학아세
曲 學 阿 世
굽을 곡 배울 학 언덕 아 세상 세

학문을 굽혀 세상에 아첨한다는 뜻이에요. 아첨은 환심을 사거나 잘 보이려고 하는 말이나 행동 등을 말합니다. 학문을 굽힌다는 것은 자신의 말이나 행동이 옳지 않다는 것을 알고 있음에도 불구하고 그렇게 행동하는 것을 의미합니다. 돈이나 권력에 아부하여 출세하려는 태도를 비꼬는 말입니다.

엉뚱발랄 남매의 대화

아까 수업 시간에 불량식품을 먹으면 안 된다고 발표한 사람이 누구더라?

야! 그 때는 그렇게 말해야지, 불량식품을 먹겠다고 말하니?

그거 곡학아세야. 사람이 알면 실천을 해야지.

사실은 너도 먹고 싶지?

역시 현명하시군요! 저도 조금만...

그럴 줄 알았지!

 **잠깐! 똑똑해진 남매의 퀴즈**

 '곡학아세'의 '곡'과 같은 한자를 쓰는 말에는 뭐가 있게?

너무 쉬운데! 곡선, 곡면 같은 말이 있지.

 '곡학아세'와 뜻이 비슷한 속담이 있는데 그것도 혹시 알아?

그건 좀 어렵네.

 뜻이 완전히 똑같은 건 아닌데 '간에 붙었다 쓸개에 붙었다 한다'가 있어. 줏대 없이 이익만 좇는 것을 말해.

응. 우리가 흔히 말하는 박쥐 같다는 거랑 비슷한 거네.

 **고사성어 깊이 파헤치기**

옛날 중국의 효경제는 자신을 도울 어진 사람들을 불러 모았어. 그중 원고생이 있었는데, 이 사람은 나이가 무척 많았지. 게다가 지방 출신이기도 했어. 그러한 이유로 다른 신하들의 무시를 받기도 했어. 하지만 그는 황제에게 바른말 하는 것을 두려워하지 않았지.
또 자신을 무시하는 사람에게는 이렇게 말했어.
"올바른 학문을 익혀 널리 세상에 알려 주게. 배운 것을 굽혀 세상에 아부하는 일이 없도록 하게."
이 말에 감명을 받은 공손홍이라는 사람은 원고생의 제자가 되었지.

공전절후가 뭐야?

공전절후
空前絶後
빌 공 　 앞 전 　 끊을 절 　 뒤 후

전에도 없었고, 후에도 없을 것이라는 뜻입니다. 전에도 없고 후에도 없다는 것은 무슨 뜻일까요. 아주 뛰어난 능력을 지녔거나 혹은 세상에 하나밖에 없는 귀한 것이라는 뜻입니다. 흔히 사용하는 '세상에 둘도 없는'이라는 표현과 같은 뜻으로 생각하면 됩니다.

엉뚱발랄 남매의 대화

 ## 잠깐! 똑똑해진 남매의 퀴즈

 '공전절후'와 뜻이 비슷한 고사성어가 뭐가 있을까?

음, '전무후무' 정도 있지 않을까?

 맞아. 뭇국에 깍두기 반찬까지 나오면 쓰는 말인 '전무후무' 말이야.

흠, 공전절후의 '절'자를 사용하는 단어에는 뭐가 있게?

 절대, 단절 이런 게 있지 않을까?

그래, 맞아. 대화의 단절이 일어나니까 절대 그런 유머 하지 마.

고사성어 깊이 파헤치기

옛날 중국에 목란이라는 이름의 여자가 있었어.
그 당시에는 남자만 군대를 가야 하는 시대였는데, 어느 날 늙고 병든 아버지가 군대를 가게 된 거야.
이에 목란은 아버지 대신 남장을 하고 군대를 갔어.
십 년이 넘도록 전쟁터를 누비며 많은 공까지 세웠지.
게다가 아무도 그가 여자인지 몰랐다는 거야.
〈문견우록〉이라는 책에서 이 사연을 소개하며 '전에도 찾아볼 수 없고, 후에도 없을 것'이라고 언급해.

과유불급이 뭐야?

과유불급
過 猶 不 及
지나칠 과 오히려 유 아닐 불 미칠 급

지나친 것은 미치지 못한 것, 즉 부족한 것과 같다는 뜻입니다. 결국은 둘 다 좋지 못하다는 거지요. 건강을 위해 하는 운동도 적당히 하면 좋지만 지나치면 오히려 몸을 해친다고 하잖아요.

엉뚱발랄 남매의 대화

야야야, 너 선 넘지마!

으이구

선 좀 넘으면 어떻다고 그래?

과유불급 몰라? 선 넘는 거 절대 안돼!

너무하네. 컵라면 물 좀 더 붓는다고.

모르는 소리!

내가 졌다! 딱 맞춰 부어 줄게.

이 선 별거 아닌 거 같지만 라면 연구진들이 다 실험해서 제일 맛있는 맛 나는 곳에 표시한 거야. 잘 지켜야해.

 **잠깐! 똑똑해진 남매의 퀴즈**

 '과유불급'과 비슷한 속담이 있을까?

'사공이 많으면 배가 산으로 간다'.

 대단한데?

그럼 과유불급의 '과'자가 사용되는 단어에는 뭐가 있게?

 과신, 과소비 등이 있겠네.
'과'자는 좋은 뜻으로 사용되는 경우는 거의 없는 것 같아.

맞아. 지나친 게 좋은 경우는 별로 없으니까.

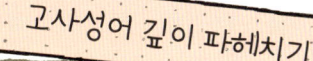 **고사성어 깊이 파헤치기**

<논어>는 위대한 스승인 공자의 말씀을 전하는 책이야. 그 책은 공자와 그의 제자들의 대화 형식으로 가르침을 전하지. 그중 선진편을 살펴보면 어느 날 공자의 제자 중 한 사람인 자공이 공자에게 질문을 해.
"제자 중 사와 상 중 어느 쪽이 더 어집니까?"
이에 공자는 "사는 지나치고 상은 미치지 못한다."고 대답해. 이에 자공은 다시 질문을 해.
"그럼 사가 더 낫다는 말씀이신지요?"
그러자 공자는 '지나친 것은 미치지 못한 것과 같다'고 답했다고 해.

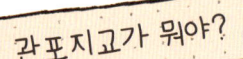

관포지교
管鮑之交
피리 관 절인물고기 포 갈 지 사귈 교

한자만 보면 피리와 절인 물고기의 사귐이라는 황당한 뜻이 됩니다. 관과 포는 관중(管仲)과 포숙(鮑叔)이라는 두 사람의 이름을 따서 붙인 것으로, 관중과 포숙의 사귐이라는 말입니다. 서로 이해하고 믿는 깊은 우정을 뜻합니다.

엉뚱발랄 남매의 대화

- 영석이야말로 나를 이해하는 진정한 친구지. 관포지교라 할 수 있어.
- 그런가? 영석이 임원 선거 때 너 안 뽑았다고 하던데…
- 그러니까 진정 나를 이해하는 친구지.
- 엥, 그건 또 무슨 말이야?
- 영석이야말로 내가 임원감이 아니라는 걸 아는 진정한 친구라는 뜻이지.
- 헉, 이걸 똑똑하다고 해야 하나, 멍청하다고 해야 하나.

 **잠깐! 똑똑해진 남매의 퀴즈**

악기 중에 '관포지교'의 '관'자를 사용하는 악기 종류가 있어.

 너무 쉽지. 관악기 말하려는 거지?

맞아. 리코더, 피리, 대금, 소금 같은 악기를 관악기라고 하지.

 '관포지교'와 비슷한 뜻을 가진 고사성어는 뭐가 있게?
힌트는 끝이 교로 끝난다는 건데 물론 초등학교는 아니야.

으이구, 그런 유머 하지 말라고 했지? '수어지교'가 있겠지.

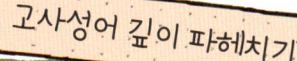 **고사성어 깊이 파헤치기**

〈사기〉 관안열전에 의하면 중국 제나라에는 포숙과 관중이라는 두 친구가 있었어.
한 번은 포숙과 관중이 동업하여 장사를 하였는데 이익금을 관중이 모두 차지해. 그런데도 포숙은 관중의 집안이 가난해서 그렇다며 이해해 줘.
또 전쟁터에서 도망을 쳐도 그를 믿어 주었지.
결국 관중은 나중에 뛰어난 재상이 돼.
그리고 관중은 '나를 낳은 것은 부모이지만 나를 아는 것은 포숙 뿐'이라는 말을 남기지.

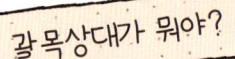

괄목상대

刮目相對

비빌 **괄** 눈 **목** 서로 **상** 대할 **대**

눈을 비비고 상대방을 대한다는 뜻이에요. 눈을 비비고 다시 쳐다보는 건 뭔가 눈으로 봐도 믿지 못할 상황이라는 뜻이겠지요. 상대방의 학식이나 재주가 몰라볼 정도로 갑자기 좋아진 것을 일컫는 말입니다.

엉뚱발랄 남매의 대화

우와, 너 언제 줄넘기를 이렇게 잘하게 되었어.

지난 번에는 잘 못 했었잖아.

으하하

연습을 정말 열심히 했지.

정말 괄목상대 했네. 비결이 뭐야? 나도 알려줘.

오~

호오, 이걸 어떻게 설명하지?

야, 너 또 그러냐? 가운데 끊어진 줄로 친구들 놀리지 말라고 했지.

불쑥

헤헤, 들켜버렸네.

 잠깐! 똑똑해진 남매의 퀴즈

'괄목상대'와 비슷한 고사성어가 뭐가 있게?

 바로 '일취월장'이 있지.
매일매일 발전하는 나 같은 사람을 보면 할 수 있는 말이지.

헐, 저 근거 없는 자신감은 뭘까? 그럼 말해 봐.
'괄목상대'의 '대'자가 사용되는 단어는 뭐가 있게?

 바로 너의 질문에 대한 대답 할 때 '대'가 같은 한자를 사용하지.

오오, 제대로 아네. '큰 대'자만 아는 줄 알았더니

 날 뭐로 보고!

 고사성어 깊이 파헤치기

중국 삼국시대에 오의 왕 손권은 부하 여몽에게 글을 읽어 지식을 쌓으라고 해.
왕의 말을 들은 여몽은 열심히 학문을 닦게 되지.
그러던 어느 날 오의 재상 노숙이 달라진 여몽을 보고 깜짝 놀라.
그 모습을 본 여몽은 "선비라면 사흘만 떨어져 있어도 눈을 비비고 다시 대해야 할 만큼 달라져 있어야 합니다."라는 말을 해.
이 말이 '괄목상대'의 유래가 된 거지.

교각살우가 뭐야?

교각살우
矯角殺牛
바로잡을 교　뿔 각　죽일 살　소 우

소뿔 모양을 바르게 하려다가 오히려 소를 죽인다는 뜻입니다. 소의 뿔 모양이 조금 잘못된 것은 그리 큰 문제가 아니지만, 소가 죽은 것은 큰일이지요. 즉 작은 문제점을 고치려다가 더 큰 문제를 만들거나 일을 그르치게 만드는 것을 말합니다.

엉뚱발랄 남매의 대화

하지 마, 하지 말라고!

아니야. 요것만 내가 조금 고쳐줄게. 요것 좀 잘못 칠해졌잖아.

안 돼! 네 거나 해, 내 거에 절대 손대지 마.

교각살우 할까 그러나 본데, 내 실력이면…

내가 더 잘하는데 네가 왜 상관이셔.

혹시 일부러 내 거 망치려고 그러는 거 아니야?

아, 들켰나? ㅎㅎ

잠깐! 똑똑해진 남매의 퀴즈

 '교각살우'의 '교'자는 바로잡는다는 뜻으로 사용되곤 해. 어떤 단어에 쓰이게?

 치과에서 하는 치아 교정 같은 거 아니야?

 응, 맞아. 교정은 여러 가지 뜻이 있는데 책을 내기 전에 틀린 거 확인하는 걸 교정이라고 하기도 해.

 맞다. 뉴스에서 보니까 죄를 지은 사람을 교정 시설에 보낸다고 하던데 그것도 같은 건가?

 맞아. 모두 '바로잡을 교'를 사용해.

고사성어 깊이 파헤치기

옛날 중국에는 뿔이 곧게 나 있고 잘생긴 소를 이용해서 제사를 지내는 풍습이 있었다고 해.
그런데 어느 날 한 사람이 제사에 사용할 소의 뿔이 조금 삐뚤어져 있는 걸 보게 되었어.
그래서 바로 잡으려고 뿔에 줄을 팽팽하게 동여매었지.
그랬더니 뿔이 뿌리째 빠져서 소가 죽어 버렸어.
줄을 맨 사람은 얼마나 놀랐을까.
비슷한 뜻의 속담으로 '빈대 잡으려고 초가삼간 태운다'가 있어.

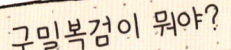

구밀복검이 뭐야?

구밀복검
口 蜜 腹 劍
입 구 꿀 밀 배 복 칼 검

입에는 꿀을 바르고, 뱃속에는 칼이 있다는 말입니다. 겉으로는 친절하고 호의가 있는 듯 대하지만, 실제 마음은 해코지하려고 하거나 나쁘게 평가하고 있는 것을 말합니다.

엉뚱발랄 남매의 대화

- 이번 글짓기 정말 잘했네, 최고야.
- 웬 칭찬? 이거 완전 구밀복검인 거 같은데 무슨 꿍꿍이지?
- 꿍꿍이라니 그런 거 없어.
- 수상한데! 너 혹시 내 글 몰래 가져갈 생각하고 있는 거 아니야?
- 헉, 이번에도 들켰나?
- 내가 못 살아, 진짜!

잠깐! 똑똑해진 남매의 퀴즈

'구밀복검'은 결국 겉과 속이 다르다는 뜻이잖아.
그런 뜻을 가진 말이 있었던 거 같은데···.

'표리부동'이잖아.
그것 말고도 '구밀복검'과 비슷한 뜻을 가진 고사성어가 또 있는데,
웃음 속에 칼이 있다는 뜻의 고사성어 말이야. 그게 뭐게?

'소리장도' 맞지? 생각만 해도 무섭네.

고사성어 깊이 파헤치기

중국 당나라에 현종이라는 왕이 있었어.
현종은 처음에는 나라를 무척 발전시켰지만, 점차 나이가 들면서 정치에 뜻을 잃게 돼.
그때 당나라의 재상이 이임보라는 사람이었어.
이임보는 황제의 비위만 맞추며 충신들을 황제 곁으로 오지 못하게 하고, 온갖 이유를 들어 수많은 사람들을 죽음으로 내몰았어.
그래서 당시 사람들은 이임보를 두고 '입에는 꿀, 뱃속에는 칼'이라고 이야기했대.

구사일생이 뭐야?

구사일생
九 死 一 生
아홉 **구** 죽을 **사** 한 **일** 날 **생**

아홉 번 죽을 뻔하다 한 번 살아난다는 뜻으로, 여러 번 죽을 위기를 넘기고 간신히 살았다는 뜻입니다. 아주 힘들고 어려운 상황을 넘겼을 때 사용하는 경우가 많습니다.

엉뚱발랄 남매의 대화

잠깐! 똑똑해진 남매의 퀴즈

'호랑이한테 물려가도 정신만 차리면 산다'는 속담 있잖아. 이런 상황에서 살아남았을 때 쓰기 좋은 고사성어가 뭐가 있게?

혹시 '구사일생'인가? '구사일생'으로 살아남았다고 하잖아.

이번에는 내 차례야. '구사일생'으로 살아남아야 이기는 운동경기는 뭐게?

혹시 그거 피구 아니야?

맞아. 이번엔 좀 어려운 문제인데, '구사일생'과 비슷한 뜻을 가진 고사성어는?

모르겠어.

정답은 '만사일생'! 그런데 만 번이라니 좀 심한데….

고사성어 깊이 파헤치기

'구사일생'은 굴원의 시에 등장해. 굴원은 중국 초나라의 시인이자 정치인이었지. 뛰어난 능력에 곧은 마음을 가진 사람으로 높은 자리에까지 올랐지만, 모함을 받아 자리에서 쫓겨났어. 그리고 초나라가 망한 후 나라와 왕을 지키지 못했다는 생각에 스스로 목숨을 끊지.
중국에서는 음력 5월 5일에 굴원의 충성심을 기리는 행사를 하기도 한대.
그가 남긴 '이소'라는 시에는 '비록 아홉 번 죽을지라도 오히려 후회하는 일은 하지 않으리라'라는 구절이 있는데, 이 구절이 나중에 '구사일생'의 유래가 돼.

군계일학이 뭐야?

군계일학
群 鷄 一 鶴
무리 군　닭 계　한 일　학 학

닭이 모여 있는데 학이 한 마리 섞여 있다는 뜻이에요. 닭은 흔히 볼 수 있는 평범한 새인 것에 비해 학은 옛날부터 전래동화나 전설 등에서 신선과 관련된 새로 표현하는 등 비범한 새로 보는 일이 많았습니다. 즉 평범한 사람들 속에 뛰어난 사람이 한 명 섞여 있는 것을 말합니다.

엉뚱발랄 남매의 대화

 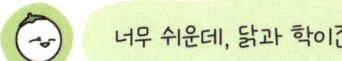

'군계일학'에는 두 가지 동물이 등장해. 뭔지 알아?

너무 쉬운데, 닭과 학이잖아.

그럼 닭이 나오는 고사성어나 속담 아는 거 있어?

'소 닭 보듯 닭 소 보듯'이 있지.

아무 관심 없이 서로 쳐다보는 모양을 말하는 속담 말이지?

응. 현실남매인 우리 사이와 딱 맞는 속담이지.

호호호~ 아니라고 할 수가 없네.

고사성어 깊이 파헤치기

옛날 중국에 혜강이라는 뛰어난 인물이 있었어. 하지만 그는 죄를 지어 처형을 당하고 말아. 그에게는 혜소라는 아들이 있었는데 어느 날 왕에게 부름을 받고, 궁궐로 오게 되지.
이때 혜소의 모습을 본 사람들이 그 모습이 너무 보기 좋아 '의젓하고 늠름하여 마치 닭의 무리 속에 있는 한 마리의 학 같다'고 이야기했다고 해.
이후 혜소는 충신이 되어 올곧은 정치를 실천하려고 노력했고, 반란군에 맞서서 왕을 지키다 목숨을 잃게 돼.

권토중래가 뭐야?

권토중래
捲土重來
말 **권** 흙 **토** 무거울 **중** 올 **래**

땅을 말아 일으킬 것 같은 기세로 다시 온다는 뜻이에요. 한 번 싸움에 패했다가 다시 힘을 길러 흙먼지를 일으키며 강한 기세로 다시 쳐들어온다는 뜻입니다. 꼭 전쟁이 아니라도 실패한 일에 포기하지 않고 꾸준히 도전하는 것을 뜻합니다.

엉뚱발랄 남매의 대화

 ## 잠깐! 똑똑해진 남매의 퀴즈

'권토중래'의 '중'자가 무슨 뜻으로 사용되는지 알아?

 거듭한다는 뜻이지.

또 무슨 뜻으로 많이 사용되게?

 무겁다는 뜻으로 많이 사용되지. '무거울 중'으로도 쓰이잖아.

그래. 맞는데 왜 기분이 나쁘지? 무겁다는 이야기를 왜 나를 보면서 하는데?? 그것도 두 번이나!

 아니, 물어봐서 대답한 건데 왜 과민반응이야?

고사성어 깊이 파헤치기

두목은 당나라의 유명한 시인이야.
두목의 시 중에는 한나라를 세운 유방에게 패한 항우에 대한 안타까움이 드러난 시가 있어.
항우가 오강 유역에서 유방에게 패배하게 되자 주위에서는 강동지역으로 돌아가 다시 힘을 모으자는 조언을 해.
하지만 항우는 조언을 듣지 않고 끝까지 싸우다가 목숨을 잃어.
이에 두목은 '강동의 젊은이 중에는 뛰어난 인재가 많으니, 흙먼지 일으키며 다시 쳐들어왔다면 어찌 되었을까'라며 아쉬워해.
'권토중래'는 이 시 구절에서 유래되었어.

근묵자흑이 뭐야?

근묵자흑
近墨者黑
가까울 **근**   먹 **묵**   사람 **자**   검을 **흑**

먹을 가까이하면 검어진다는 뜻입니다. 먹은 옛날에 우리나라, 중국 등 동양에서 붓으로 글씨를 쓰거나 그림을 그릴 때 사용하던 검은 물감이에요. 먹을 가까이하면 검어진다는 뜻은 사람이 주위 환경에 따라 변하는 것을 뜻합니다.

엉뚱발랄 남매의 대화

 잠깐! 똑똑해진 남매의 퀴즈

 '근묵자흑'에서 '묵'은 먹을 뜻하잖아.
먹 말고 붓글씨 쓸 때 사용하는 문방구가 뭐가 있는지 알아?

붓도 있고, 종이도 필요하고, 벼루도 있어야 해.

 맞아. 먹까지 해서 문방사우라고 부른다고 들었어.

문방사우, 그게 뭔데?

 선비들의 서재를 문방이라고 그랬고, 문방에서 선비들이 사용하는 네 가지 물건을 친구라고 해서 문방사우라 했다더라고.

선비들에겐 문방사우, 우리에겐 운동장사우가 있겠네.
축구공, 농구공, 피구공, 야구공 말이야.

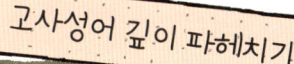 고사성어 깊이 파헤치기

중국 서진의 학자였던 부현은 〈태자소부잠〉이라는 책에서 이렇게 이야기해.
'쇠와 나무는 일정한 모양이 없어서 곁에 있는 틀에 따라 모나게도 되고 둥글게도 된다. 또 틀을 잡아주는 도지개(활을 바로잡아 주는 틀)에 따라 습관과 성질이 길러진다. 이런 이유로 주사(붉은색 광석)를 가까이하면 붉게 되고 먹을 가까이하면 검게 된다.'
주위 환경의 중요성에 대해 비유를 들어서 이야기한 것이지. 여기에서 '근묵자흑'이라는 말이 유래되었어.

금의환향이 뭐야?

금의환향
錦衣還鄉
비단 **금**　옷 **의**　돌아올 **환**　시골 **향**

금의는 화려하게 꾸며진 비단옷이라는 뜻입니다. 비단옷은 귀했기 때문에 왕이나 높은 관직에 있는 사람들이 주로 입었던 옷입니다. 그래서 비단옷을 입는다는 것은 출세를 뜻하는 것이고, 비단옷을 입고 고향으로 돌아가는 것은 출세하여 고향을 찾는 것을 의미합니다.

엉뚱발랄 남매의 대화

 **잠깐! 똑똑해진 남매의 퀴즈**

 '금의환향'의 '향'자는 고향을 뜻해.
고향과 관련된 고사성어나 속담 혹시 아니?

좀 어려운데, 이럴 땐 엄빠 찬스!!

 '물고기도 제 놀던 물이 좋다 한다'는 속담이 있지.

 낯선 곳보다 고향이 더 좋다는 뜻인가 보네요.

맞아. 나서 자란 고향이 더 편하다는 뜻이지.

우리가 운동장에 가면 마음 편한 것과도 뜻이 통할 것 같아요.
흐흐, 말 나온 김에 잠시만.

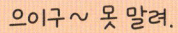 으이구~ 못 말려.

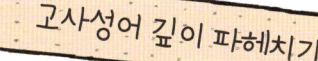 **고사성어 깊이 파헤치기**

초나라와 한나라의 전쟁 때 이야기야.
진나라의 수도였던 함양을 차지한 항우는 왠지 함양이 마음에 들지 않아서 수도를 고향인 팽성으로 정하려고 했어. 그러자 많은 신하들이 반대를 했어. 왜냐하면 함양은 넓은 평야와 수비하기에 좋은 여건을 갖춘 도시라 수도로 적합했거든. 하지만 항우는 단호하게 신하들에게 이야기해.
"성공하여 고향에 돌아가지 못하면 비단옷을 입고 밤길을 가는 것과 같다. 비단옷을 입었으면 고향으로 돌아가는 것이 옳다."
끝까지 반대를 하던 신하를 처형하면서까지 수도를 옮긴 항우는 나중에 유방에 패하게 돼.

기인지우가 뭐야?

기인지우
杞人之憂
나라 이름 **기**　사람 **인**　갈 **지**　근심 **우**

기나라 사람의 걱정이라는 뜻으로, 걱정하지 않아도 될 일을 걱정하는 것을 빗대어 일컫는 말입니다. 티벳의 속담에도 '걱정을 해서 걱정이 없어지면 걱정이 없겠네.'라는 말이 있지요.

엉뚱발랄 남매의 대화

 **잠깐! 똑똑해진 남매의 퀴즈**

'기인지우'는 '기우'라고도 많이 사용해. 걱정에 관한 다른 고사성어도 있을까?

 '전전반측'이나 '내우외환' 같은 말이 걱정에 관한 말인 거 같아.

속담 중에도 재미있는 말들이 있던데 기억나는 것 있어?

 '우물가에 애 보낸 것 같다'는 말 알아. 혹시나 아이가 우물에 빠질지 몰라 걱정하는 것처럼 안심이 안 된다는 뜻이지.

'남 떡 먹는데 팥고물 떨어지는 걱정한다'는 속담도 있어 남의 일에 쓸데없는 걱정을 하는 걸 뜻해.

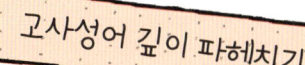 **고사성어 깊이 파헤치기**

기나라에 걱정이 무척 많은 사람이 있었어.
그는 하늘이 무너지고 땅이 꺼지면 어떻게 하냐는 걱정으로 하루하루 보냈지.
그러다 결국 몸져눕게 되었어.
그의 건강을 걱정하던 한 사람이 병문안을 가서는 절대 하늘이 무너지거나 땅이 꺼지지 않을 거라고 설명을 해 줬대.
그 이야기를 들은 기나라 사람은 다행히도 병을 떨쳐내고 자리에서 일어나게 되었어.

기호지세가 뭐야?

기호지세
騎虎之勢
말 탈 **기**   범 **호**   갈 **지**   형세 **세**

호랑이를 타고 달리는 기세라는 뜻입니다. 내가 탄 것이 무시무시한 맹수 호랑이라면 어떨까요? 재미보다는 두려움이 앞설 것입니다. 누군가의 도움을 받아 안전하게 내리지 못한다면 정말 무시무시한 일이 벌어질 수도 있으니까요. 이처럼 시작한 일을 멈출 수 없을 때 사용하는 말이랍니다.

엉뚱발랄 남매의 대화

 **잠깐! 똑똑해진 남매의 퀴즈**

너 근데 '기호지세'라는 고사성어에 나오는 동물이 뭔지 알아?

 당연히 알지. 호랑이잖아.

 그럼 호랑이와 관련된 고사성어나 속담은 뭐가 있게?

속담은 '호랑이에게 물려가도 정신만 차리면 산다', 고사성어는 '가정맹어호'가 생각나.

 그 고사성어 가혹한 정치가 호랑이보다 무섭다는 뜻이구나.

고사성어 깊이 파헤치기

오랜 기간 혼란에 빠져 있던 중국을 통일한 사람은 수나라의 문제였어.
원래 그의 이름은 양견으로 북주의 재상이었지.
그런데 북주의 임금인 선제가 사망하고 그의 어린 아들이 왕이 되자 양견의 권력은 더 강해졌고, 실제로도 천하를 정복하려는 욕심을 가지고 있었어.
남편의 이런 마음을 알고 있던 그의 부인은 "이미 큰일은 벌어졌습니다. 마치 호랑이에 올라탄 형세와 같으니 중간에 내릴 수 없습니다. 만일 중간에 내리려 한다면 먹히고 말 것입니다. 그러니 끝까지 목적을 이루세요."라는 편지를 보내.
그 편지를 받은 양견은 힘을 내서 중국을 통일하게 되지.

난형난제가 뭐야?

난형난제
難兄難弟
어려울 **난** 형 **형** 어려울 **난** 아우 **제**

누가 형이고 누가 동생인지 구분하기 어렵다는 뜻이에요. 어떤 일이나 사물 중에 어느 것이 더 나은지 판단하기 어려울 때 사용하는 말입니다.

엉뚱발랄 남매의 대화

잠깐! 똑똑해진 남매의 퀴즈

'난형난제'는 형제에 관한 고사성어잖아. 형제에 관한 고사성어가 또 있을까?

'형제투금'이 있는 거 같아. 길을 가던 형제가 금덩어리 두 개를 주워 나누어 가졌는데, 서로가 가진 금에 욕심이 생기자 금덩어리를 던져 버렸다는 설화에서 유래된 고사성어야.

고사성어에 영어도 들어가네? 금이 두 개라고 투금이라니!

헐~ 그 투는 두 개이 투(two)가 아니라 '던질 투'야.

고사성어 깊이 파헤치기

한나라에 진식이라는 덕이 높은 선비가 있었어.
진식에게는 원방과 계방이라는 아들이 있었는데, 하루는 원방과 계방의 아들들이 서로 자기 아버지의 학식과 덕망이 더 높다는 주장을 해.
하지만 아무리 이야기해도 결론이 나지 않자 할아버지인 진식에게 가서 이에 대한 결론을 내려달라고 해.
이에 진식은 "학식과 덕망으로는 원래 형인 원방도 형 되기가 어렵고 본래 동생인 계방도 동생 되기가 어렵다."라고 대답하지. 결국 누가 낫다는 결론을 내리지 못한 거야. '난형난제'는 이 고사에서 유래되었어.

낭중지추가 뭐야?

낭중지추
囊中之錐
주머니 **낭**　가운데 **중**　갈 **지**　송곳 **추**

주머니 속에 들어 있는 송곳이라는 뜻입니다. 뾰족한 송곳을 주머니 속에 넣어두면 어떻게 될까요? 조금씩 주머니에 구멍을 내서 빠져나오기 마련이지요. 뛰어난 능력을 가진 사람은 어디에 있더라도 눈에 띈다는 걸 뜻하는 거랍니다.

엉뚱발랄 남매의 대화

 **잠깐! 똑똑해진 남매의 퀴즈**

'낭중지추'는 뛰어난 인물이라는 뜻이잖아.
비슷한 뜻의 고사성어는 뭐가 있을까?

나 같은 사람을 나타내는 말로 '군계일학'이 있지.

맞아. 네가 '군계일학'에서 '일학'이 아니라 '군계'이기는 하지.
하나만 더 생각해 봐.

잠시만, 나 알 거 같아.
'간세지재'도 비슷한 뜻 아닌가?

오~ 잘 아네. 고사성어에서는 '낭중지추' 인정해 줄게.

 **고사성어 깊이 파헤치기**

조나라의 평원군은 평소 인재를 아끼던 사람이었어. 어느 날 진나라가 조나라를 공격하자 평원군은 초나라에 도움을 청하러 가기로 해.
자신을 도와줄 20명과 같이 가려고 했는데, 모수라는 사람이 현명한 선비는 주머니 속에 있는 송곳처럼 금세 그 끝이 드러난다며 자신을 추천해. 평원군은 잘 알지 못했던 모수를 거절하려 했어.
하지만 모수는 진작에 주머니에 넣어 주었으면 송곳 끝뿐 아니라 송곳 자루까지 밖으로 나왔을 것이라며 자신있게 말을 해.
그의 재치에 평원군은 모수와 함께하기로 했지. 결국 모수는 초나라에 가서 뛰어난 능력을 발휘하고 초나라의 도움을 이끌어 내는 데 큰 역할을 해.

내우외환이 뭐야?

내우외환
內 憂 外 患
안 **내** 근심 **우** 바깥 **외** 환난 **환**

안의 근심과 바깥의 환난이라는 뜻을 가진 고사성어입니다. 환난은 근심과 재난을 통틀어서 표현한 말로 결국 안으로도 걱정거리, 밖으로도 걱정거리, 여러 걱정거리가 한 번에 몰려올 때 사용하는 말이랍니다.

엉뚱발랄 남매의 대화

오늘 완전 망한 날이야! 선생님이 조사 숙제 잘 못했다고 다시 하라고 하셨어.

그래서 기분이나 풀려고 축구하려고 했는데, 축구공도 안보여. 산 지 얼마 안 된 건데… 엄마가 아시면 꾸중도 들을 거야.

정말 내우외환이네. 걱정만 하고 있다고 걱정이 해결되는 게 아니니까 우리 조사 숙제부터 어서 하자. 내가 도와줄게.

오! 갑자기 힘이 난다.

숙제는 도와줄 테니 이제 순순히 인정하고 누나라고 부르도록 해라.

에헛, 그건 좀…

 **잠깐! 똑똑해진 남매의 퀴즈**

 '내우외환'이라니 너무 암울하다. 이 상황이 되면 너무 힘이 들 것 같아. 위안이 될 만한 속담이나 고사성어 없을까?

'고생 끝에 낙이 온다'가 있지.

 여하튼 고생은 해야 된다는 이야기네.

그건 아닌 거 같은데. '하늘이 무너져도 솟아날 구멍이 있다'도 있어.

 하늘이 무너지는데 나 혼자 살아서 뭐 할까?

두 속담 다 희망을 잃지 말라는 비유적 표현인데, 축구공 잃어버렸다고 너무 예민한 거 아니야?

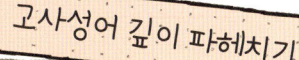 

중국 춘추시대에 초나라와 진나라가 세력을 겨루고 있었어.
그때 초나라가 다른 나라들을 공격하던 중 진나라와도 충돌을 일으켜.
진나라에서 큰 힘을 가졌던 극씨, 낙서, 범문자 등의 대부들은 초나라와 싸울 것인지 의논을 하게 되지.
그중 대부분의 대부들은 초나라와 싸우기를 주장하였지만, 범문자만은 밖으로부터의 재난이 없으면 반드시 내부에서 근심이 생긴다고 이야기하며 밖에서 오는 재난은 일단 내버려 두자고 이야기해.
'내우외환'은 이 일화에서 유래가 되었어.

노마지지가 뭐야?

노마지지
老馬之智
늙을 **노** 말 **마** 갈 **지** 슬기 **지**

늙은 말의 지혜라는 뜻이에요. 보통 힘이 약해진 늙은 말은 좋은 취급을 받지 못하지만 이렇게 늙고 약해진 말이라도 지혜를 가지고 있다는 뜻입니다. 즉 우리가 하찮게 생각하는 것이라도 장기나 장점을 지니고 있다는 뜻이지요. 노마지도라고도 합니다.

엉뚱발랄 남매의 대화

나미비아의 나미브 사막에는 수많은 생물들이 살고 있습니다. 그 중 특히 딱정벌레는 사람들에게 큰 영감을 주었습니다.

딱정벌레가 새벽에 안개나 수증기에서 물을 섭취하는 방식이 물이 부족한 사람들에게 도움을 준다니…

우와, 노마지지란 말이 틀린 말이 아니네.

그러게. 아무리 하찮은 것이라도 도움이 된다는데. 넌 어디에 도움이 될까?

나도 도움이 될 때가 있을 거야. 언젠가…

 **잠깐! 똑똑해진 남매의 퀴즈**

 '노마지지'에서 '갈 지'는 '~의' 뜻으로 사용된대. 그런 경우가 또 있을까?

나쁜 사이를 뜻하는 '견원지간', 다투는 사이에 제삼자가 이익을 얻는다는 뜻의 '견토지쟁', 두 사람이 맞붙어 싸우는 바람에 엉뚱한 제삼자가 덕을 본다는 뜻의 '어부지리' 등이 있지.

 전부 다툰다는 것밖에 없네.

나라를 망하게 할 정도의 미인이라는 뜻의 '경국지색'도 있어. 나에게 어울리는 말이지. 훗~

 으이구~ 그냥 우리 '견원지간' 하자!

 **고사성어 깊이 파헤치기**

중국 제나라의 환공은 전쟁을 성공적으로 마치고 돌아오는 길이었어.
전쟁이 겨울에 끝나는 통에 추위를 뚫고 돌아오게 되었지.
그런데 설상가상으로 길도 잃어버리고 만 거야.
이때 제나라의 재상이었던 관중은 이럴 때는 늙은 말의 지혜가 필요하다며 말 한 마리를 풀어놓았어.
그러고는 군대가 그 말 뒤를 따르도록 했지.
잠시 후 그 말은 올바른 길을 찾아냈고, 제나라군은 위기에서 벗어날 수 있었어.

누란지세가 뭐야?

누란지세
累 卵 之 勢
여러 **누**　알 **란**　갈 **지**　형세 **세**

계란을 쌓아 놓은 것 같은 형편이라는 뜻입니다. 계란을 쌓는 것은 무척 어려운 일입니다. 기네스북에 기록된 세계 최고 기록도 3개를 쌓은 것입니다. 쌓기 어려운 만큼 무너지기도 쉽고, 깨어지기도 쉽겠지요. 그만큼 몹시 불안하거나 위험한 상태를 말합니다.

엉뚱발랄 남매의 대화

- 위기야 위기!
- 왜? 무슨 문제 있어?

- 정말 누란지세야. 너무 불안해. 오빠들 콘서트 티켓 예매해야 하는데 로그인이 안돼.
- 정말 큰 위기네. 꼭 사야 하는데.

- 웬일이야. 내 생각을 다 해 주고.
- 표 못 구하면 나한테 또 짜증낼 것 같아서 말이지.

 잠깐! 똑똑해진 남매의 퀴즈

 '누란지세'의 '누'자와 '란'자를 사용하는 한자가 또 뭐 있을까?

'누'는 동영상 채널 누적 조회 수 이런 거 있겠네.

 에휴~ 내 거 조회 수 참담한데….

계속 하다 보면 되겠지. '란'은 계란, 어란, 명란이 생각나네.

 먹는 것만 이야기하니 배고픈데, 조회 수를 생각하니 기운이 없다.

힘 내. 영상 조회 수 올리는 게 '이란투석'(계란으로 바위 치는 것)은 아니니까 말이지.

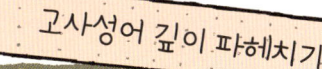 

옛날 중국에 장록이라는 사람이 있었어.
그의 본래 이름은 범저였고 위나라 사람이었는데, 위나라에서 벼슬을 하려고 했는데 누명을 쓰고 온갖 모욕을 겪었어.
그러다 그의 재능을 알아본 왕계라는 사람이 진나라 왕에게 장록을 추천해.
"장록 선생이 현재 진나라는 알을 쌓아 놓은 것처럼 매우 위태롭지만, 본인을 신하로 등용하면 안전할 수 있다고 합니다."
이 말을 들은 진나라왕은 그를 등용하고, 후에 장록은 진나라를 위해 많은 일들을 하게 돼.

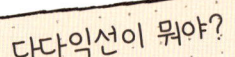
다다익선이 뭐야?

다 다 익 선
多 多 益 善
많을 **다**   많을 **다**   더할 **익**   좋을 **선**

많으면 많을수록 더 좋다는 뜻입니다. 같은 한자가 연속해서 나오는 경우 여러 가지 뜻으로 해석되는데, 이 고사성어에서는 '많으면 많을수록'의 뜻을 가집니다. '좋을 선'자는 착할 선으로 많이 사용되지만 여기서는 좋다는 뜻으로 사용되었습니다.

엉뚱발랄 남매의 대화

- 과자와 음료수는 얼마나 챙겨야 할까?
- 다다익선이지. 잔뜩 갖고 가자.
- 얘들아, 1박 2일 캠핑 가는데 간식거리가 이렇게 많이 필요하니?
- 엄마, 그런데 가서는 먹는 재미 아니겠어요? 많이 가져갈래요.
- 차가 못 들어가서 가방 메고 걸어야 하는 길이 제법 긴데, 괜찮겠어?
- 헉, 그래요? 뭐 해, 빨리 짐 줄여!

# 잠깐! 똑똑해진 남매의 퀴즈

'많을 다'자를 사용하는 고사성어는 많이 있는 거 같아. 아는 것 있어?

 당연하지. 나 같은 사람을 뜻하는 '박학다식' 어때?

그래. 넌 아는 것만 많은 '박학다식' 하렴.
난 '다정다감'한 사람 할게.

 내가 왜 진 거 같지?

언제는 네가 이겼니?
나처럼 '다정다감'하고 '다재다예'한 사람을 이기긴 쉽지 않지.

# 고사성어 깊이 파헤치기

한신은 유방을 도와 한나라를 수립하는 데 매우 큰 공을 세운 사람이야.
어느 날 유방이 한신에게 물어.
"나는 얼마나 많은 사람을 지휘할 수 있는가?"
"10만 정도 지휘하실 수 있습니다."
"그렇다면 경은 얼마나 가능한가?"
"저는 많으면 많을수록 좋습니다."
의아함이 생긴 유방이 다시 물었지.
"병사가 많을수록 좋다는 자네가 고작 10만을 지휘하는 내 부하가 되었는가?"
그러자 한신은 이렇게 대답해.
"저는 병졸의 장수이지만 폐하는 장수의 장수이시기 때문입니다."

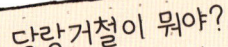
당랑거철이 뭐야?

당랑거철
螳螂拒轍
사마귀 당 사마귀 **랑** 막을 **거** 바퀴 자국 **철**

사마귀가 수레를 막는다는 뜻입니다. 당랑이 사마귓과의 곤충들을 말하거든요. 혹시 사마귀라는 곤충을 본 적이 있나요? 제법 무섭게 생겼지요? 하지만 커다란 수레에는 어림없겠지요. 자기 분수도 모르고 상대도 안 되는 사람이나 사물에 맞선다는 뜻입니다.

엉뚱발랄 남매의 대화

- 안 돼! 당랑거철이야. 그러지 마.
- 아니야. 이번에는 꼭 시도해 보고 싶어.
- 그림 난 빠진다. 너 혼자서 하렴.
- 그러기야? 이게 다 누구를 위해서 하는 건데!
- 우리 부모님이 얼마나 알뜰하신데 용돈을 더 주시겠어?
- 힝~ 진짜 안 될까? 이번 달 용돈 벌써 다 썼는데.
- 그러게 군것질 좀 그만해.

 잠깐! 똑똑해진 남매의 퀴즈

 '당랑거철'과 비슷한 말에는 뭐가 있을까?

 '이란격석'이라는 말이 있어. 약한 것으로 강한 것을 이기려는 어리석음이라는 뜻이거든.

 들어본 적 있어. 그거 계란으로 바위치기라는 말이잖아.

 맞아. 근데 그 난데없는 계란은 뭐니?

 계란으로 바위치기라고 해서 보니까 바위가 눈에 보여서 말이지.

 왜 내 머리를 보면서 말해? 너 진짜 가만히 안 둘 거야!

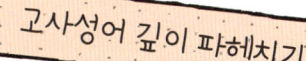 고사성어 깊이 파헤치기

제나라 때 장공이 수레를 타고 길을 가고 있었지.
그런데 웬 벌레 한 마리가 앞발을 도끼처럼 휘두르며 수레에 덤벼들고 있었어.
그 벌레에 호기심이 생겼던 장공은 마부에게 물었지.
그러자 마부가 "사마귀라는 벌레인데 나아갈 줄만 알고 물러설 줄을 모릅니다. 제힘은 생각하지도 않고 적을 가볍게 보는 버릇이 있습니다." 하고 대답했어.
장공은 이 벌레가 사람이라면 반드시 천하를 호령하는 용사가 되었을 거라며 수레를 돌려 피해 갔다고 해.

대기만성이 뭐야?

대기만성
大器晚成
클 대 그릇 기 늦을 만 이룰 성

큰 그릇은 만드는 데 시간이 오래 걸린다는 뜻입니다. 어릴 적부터 여러 분야에서 뛰어난 성과를 보이는 사람도 있지만 그렇지 않은 사람도 있는 법이지요. 나이 들어 성공한 사람을 가리키는 말로 흔히 사용되며 큰 인물이 되기 위해서는 많은 시간과 노력이 필요하다는 뜻입니다.

엉뚱발랄 남매의 대화

잠깐! 똑똑해진 남매의 퀴즈

 '대기만성'과 비슷한 말이 뭐가 있을까?

'마부작침'이라는 말이 있어. 도끼를 갈아 바늘을 만든다는 뜻인데, 성공하려면 끊임없이 노력해야 한다는 뜻이야.

 그러면 반대되는 표현도 있을까?

'대기만성'과 반대로 어릴 때부터 똑똑하다는 걸 뜻하는 말이 있겠지. 예를 들어 '문일지십'이나 '될성부른 나무는 떡잎부터 알아본다'는 거 말이지.

 그렇구나. 확실한 건 너나 내가 들을 말은 아닌 거 같다.

인정!

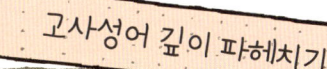
고사성어 깊이 파헤치기

삼국시대 위나라에는 최염이라는 이름난 관리가 있었어.
그에게는 최림이라는 사촌동생이 있었는데, 외모도 그리 잘나지 못했고 벼슬자리에도 제대로 오르지 못해 주위의 무시를 당하곤 했어.
그러나 최염만은 그의 능력을 알아보았지.
"큰 종이나 큰 솥은 쉽게 만들어지지 않는다. 큰 인물도 성공하기까지 오래 걸리는 법이다. 너도 그처럼 대기만성형이다. 열심히 노력하여라."
최염의 말을 들은 최림은 포기하지 않고 노력하여 나중에 높은 벼슬에 올라.

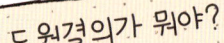

도원결의

桃園結義

복숭아 **도** 동산 **원** 맺을 **결** 옳을 **의**

도원은 복숭아밭을 뜻합니다. 결의는 가족이 아닌 남남끼리 의형제나 의남매 같은 가족의 의리를 맺는 것을 말합니다. 즉 복숭아밭 혹은 복숭아나무 아래서 가족의 의리를 맺었다는 뜻입니다. 뜻이 같은 사람끼리 의기투합하여 행동을 같이 하기로 약속한 것을 의미합니다.

 잠깐! 똑똑해진 남매의 퀴즈

'도원결의'의 '결'자는 여러 가지 뜻으로 많이 사용되는 한자라 사용되는 단어가 많은 거 같아. 너 좀 아는 거 있어?

 결국, 결과, 단결 이런 거 있지 않을까?

그럼 좀 더 어려운 걸로 '결'자가 사용되는 고사성어는 어떤 게 있을까?

 '결초보은'이 생각나는데….

함께 힘을 모으자는 뜻의 '일치단결'도 있다네.

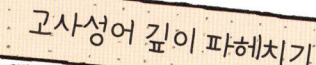 고사성어 깊이 파헤치기

흔히 〈삼국지〉라고 하면 역사서 〈삼국지〉에 나오는 위촉오 나라의 역사를 후대에 나관중이 소설로 재구성하여 만든 〈삼국지연의〉를 말해.
실제 〈삼국지〉 역사책에는 나오지 않는 내용이지만 〈삼국지연의〉는 유비, 관우, 장비가 황건적에 대항하기 위해 뜻을 모으는 이야기로 시작해.
이들은 의형제가 되어 그 뜻을 함께하기로 했는데 그 결의가 장비의 집 뒤에 있는 복숭아 동산에서 이루어졌어.
그래서 이 맹세를 '도원결의'라 부르게 된 거지.

동병상련이 뭐야?

동병상련
同 病 相 憐
한가지 동   **병 병**   서로 **상** **불쌍히여길 련**

같은 병을 앓고 있는 사람들, 같은 병으로 힘든 사람끼리 서로 가엽게 여긴다는 뜻입니다. 비슷한 처지나 어려움에 빠진 사람들이 서로 그 마음을 헤아리고 처지를 딱하게 여기는 것을 말합니다.

엉뚱발랄 남매의 대화

 잠깐! 똑똑해진 남매의 퀴즈

 '동병상련'의 '상'자가 쓰이는 낱말이 뭐가 있을까?

상호, 상대 등이 많이 쓰이는 것 같아.

 그럼 비슷한 뜻을 가진 고사성어에는 뭐가 있을까?

'유유상종', '초록동색'이 있지. 그럼 속담은 뭐가 있게?

 '가재는 게 편'이 있어.

 고사성어 깊이 파헤치기

춘추시대 오나라에는 오자서라는 사람이 있었지.
그는 항상 아버지와 형을 죽인 초나라에 복수를 할 생각을 가지고 있었어.
그때 마침 초나라에서 아버지를 잃은 백비라는 사람이 오자서를 찾아오게 돼.
오자서는 그를 왕에게 추천해 벼슬길에 오를 수 있게 해 줘.
백비의 관상이 좋지 않은데 그를 왜 추천해 주었냐고 묻자 오자서는 같은 병이 있어 서로 가엽게 여기는 것이라 답을 했지.

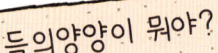

득의양양이 뭐야?

득의양양
得 意 揚 揚
얻을 **득**　뜻 **의**　날릴 **양**　날릴 **양**

뜻을 얻어 날아오르는 것 같다는 뜻입니다. 원하던 것을 이루어 매우 만족하는 모습을 나타냅니다. 의기양양이라고도 합니다.

엉뚱발랄 남매의 대화

- 이거 왜 100점이 아니지?
- 100점 아니야? 아까까지는 득의양양하더니.
- 진짜 쉬운 문젠데 문제를 잘못 읽었네.
- 봐봐. 그러니까 문제 쉽다고 덤벙거리면 안 되는 거야, 알았지?
- 난 덤벙거려서 틀린거 아니거든? 몰라서 틀린 거거든!
- 근데 너 나보다 시험 못 봤으면서 그런 말 할 자격이 되는 거야!
- 아...

 **잠깐! 똑똑해진 남매의 퀴즈**

'득의양양'의 '득'자가 사용되는 한자어는 어떤 게 있을까?

 '김○○ 선수, 첫 번째 득점을 홈런으로 얻었습니다.' 할 때 득점 아니면 표를 얻었다는 득표가 있겠네.

그럼 '득의양양'과 비슷한 뜻을 가진 표현은 어떤 게 있을까?

 '물 본 기러기 꽃 본 나비'라는 표현이 있어.

재미있는 표현이야. 마치 축구공 본 우리, 이런 거랑 비슷하다.

 맞아. ㅎㅎ

고사성어 깊이 파헤치기

중국 제나라에 안영이라는 재상이 있었어.
하루는 안영의 수레를 모는 마부를 그의 아내가 지켜보았더니 득의양양하게 수레를 몰고 있더래.
그 모습을 본 아내는 마부에게 이혼을 하자고 해.
깜짝 놀란 마부가 이유를 물었지. 그랬더니 아내가 "안자(안영을 높여 부르는 말)는 재상이면서도 스스로를 낮추고 있는데 당신은 마부로 일하면서도 스스로를 대단하게 여기니 실망을 한 것입니다." 하고 말했어.
그 말을 들은 마부는 항상 겸손하게 행동하였고, 그 후에 높은 벼슬을 하게 되었대.

마이동풍이 뭐야?

마이동풍
馬耳東風
말 마　**귀 이**　**동녘 동**　**바람 풍**

말 귀에 봄바람(동풍)이 지나간다는 뜻입니다. 어떤 이야기든지 귀담아 듣지 않는다면 지나가는 바람과 다를 바 없겠지요. 남의 말을 신경 써서 듣지 않는 것, 혹은 전혀 관심을 두지 않는 것을 말합니다.

엉뚱발랄 남매의 대화

 **잠깐! 똑똑해진 남매의 퀴즈**

 '마이동풍'처럼 말이 등장하는 고사성어 찾아볼까?

'노마지도'가 있지 않을까? 또 '지록위마' 같은 것도 있고.

 '지록위마'는 무슨 뜻이야?

사슴을 가리켜 말이라고 한다는 뜻인데, 거짓된 행동으로 윗사람을 속이는 것을 말해.

 그렇구나. 그럼 '마이동풍'과 비슷한 고사성어나 속담은 뭐가 있을까?

결국은 같은 얘기인데, '쇠귀에 경 읽기', 즉 '우이독경'이 있지.

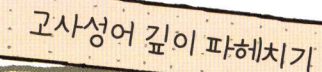 **고사성어 깊이 파헤치기**

당나라의 시인 이백에게는 왕십이라는 친구가 있었지.
하루는 왕십이가 편지를 보내.
"추운 밤에 홀로 술잔을 기울이니 마음속에서 많은 것이 느껴지네."
이때는 문인보다는 무신을 더 높게 쳐 주던 시대였어.
왕십이는 그에 대한 서글픔을 이야기한 거였지.
이에 이백은 아무리 뛰어난 작품을 써도 사람들은 관심이 없어 마이동풍과 같지만 이 시기가 지나면 우리를 인정해 줄 거라며 친구를 위로하는 답장을 보내.

망연자실이 뭐야?

망연자실
茫然自失
아득할 **망** 그러할 **연** 스스로 **자** 잃을 **실**

아득하다는 정신이 흐려진 상태를 말해요. 즉 정신을 못 차리고 멍하게 있는 상태를 말하는 거예요. 너무 큰 충격을 받았거나 깜짝 놀라는 일이 생겨서 멍하게 있는 상태를 말하지요.

엉뚱발랄 남매의 대화

-축구 경기 쉬는 시간-

"괜찮아. 너무 망연자실할 필요 없어!"

"그래도 세 골이나 먹다니."

"힘내. 우리도 후반전에 두 골 넣으면 되잖아."

"그래, 힘 내 볼게."

"야! 반대쪽 골대로 가야지."

"휴~ 저 상태면 골 더 많이 먹겠다."

 **잠깐! 똑똑해진 남매의 퀴즈**

 '망연자실'과 뜻이 비슷한 고사성어에는 뭐가 있을까?

뜻이 꼭 같지는 않지만 '아연실색'이 있어.

 '아연실색'은 무슨 뜻이야?

너무 놀라서 얼굴색이 변하는 걸 말해.

 몰래 게임하다 들켰을 때 나오는 표정을 말하는구나.

음, 정답이다.

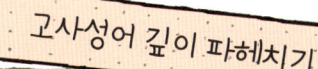 **고사성어 깊이 파헤치기**

자공은 공자의 제자로 원래 이름은 단목사야.
〈열자〉라는 책에 보면 자공에 대한 일화가 나오는데, 자공이 어느 날 자신이 알고 있던 것과는 전혀 다른 새로운 가르침을 받게 돼.
그리고 아마도 새로운 가르침에 대해 충격을 받게 된 모양이야.
망연자실하더니 집에 와서 며칠 동안 생각만 하고 일주일 동안 자지도 먹지도 않았다고 해.

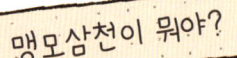
맹모삼천이 뭐야?

맹모삼천
孟 母 三 遷
맏 맹 　 어머니 **모** 　 석 **삼** 　 옮길 **천**

흔히 맹모삼천지교라고 해요. 맹자의 어머니가 자식을 위해 세 번 이사했다는 뜻이에요. 천은 천 번 할 때 천 자가 아니라 옮길 천 자예요. 사람이 자라나는 데 그 주변의 환경이 중요하다는 것을 뜻해요.

엉뚱발랄 남매의 대화

- 와! 저 선수 진짜 잘하네.
- 실력도 실력인데 가족들의 희생도 컸대.
- 그게 무슨 말이야?
- 맹모삼천이라고 저 선수 더 나은 환경에서 축구 배우라고 가족들이 다 유럽으로 이사를 갔대.
- 아하, 나도 축구선수 하려면 유럽은 못 가더라도 축구장 근처로라도 이사 가야 하나?
- 못 살아, 정말!

 **잠깐! 똑똑해진 남매의 퀴즈**

우리나라 중국은 삼이라는 숫자를 굉장히 좋은 뜻으로 생각했어.

 맞아. 그랬다고 하더라고.

그렇다면 '삼'자가 포함된 고사성어에는 뭐가 있을까?

 '장삼이사', '삼고초려', '작심삼일', '조삼모사' 등등 많지.

그럼 '맹모삼천'과 비슷한 뜻을 가진 고사성어는 뭐가 있을까?

 환경의 중요성을 뜻하는 '근묵자흑'이 있겠네.

고사성어 깊이 파헤치기

맹자의 어머니는 교육에 관심이 많았어.
맹자는 처음에 공동묘지 근처에 살았고, 장사를 지내는 놀이를 하며 놀았어.
그 모습을 본 어머니는 이사를 했는데, 이번엔 시장 근처인 거야.
그랬더니 맹자가 장사꾼의 모습을 흉내 내며 노는 것이 아니겠어?
이 모습이 마음에 들지 않았던 맹자의 어머니는 글방 근처로 이사를 했다고 해.
그랬더니 맹자가 예법에 관한 놀이를 하며 놀게 되었대.
이런 어머니의 노력 덕분에 맹자는 위대한 유학자가 돼.

명경지수가 뭐야?

명경지수
明 鏡 止 水
밝을 명 거울 경 그칠 지 물 수

밝은 거울과 흐르지 않는 물이라는 뜻입니다. 잘 닦여 있는 밝은 거울과 바람 한 점 없는 호수의 정지된 맑은 물을 보면 어떤 생각이 들까요. 아마도 참 고요하고 깨끗하다는 생각이 들 거예요. 바로 그런 상태를 말하는 고사성어입니다.

엉뚱발랄 남매의 대화

엄마, 이번에는 학교에서 명상에 대해서 배웠어요.

맞아요. 명경지수란 것이 어떤 것인지 알겠더라고요.

그래서 좀 있다 집에서도 해 보려고요.

저도 같이요.

으이구! 기대한 내가 잘못이지.

 **잠깐! 똑똑해진 남매의 퀴즈**

 '경'은 거울을 뜻하는 한자야.
이 '경'자를 사용하는 한자어에는 어떤 게 있을까?

우리가 흔히 아는 현미경, 망원경 등이 있지.

 그럼 '명경지수'와 비슷한 뜻을 가진 한자어도 있을까?

음, 평정심 정도가 있을 거 같아.

 평정심이 무슨 뜻이야?

마음이 흔들림 없고 편안하고 고요한 걸 말해.

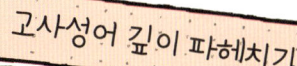 **고사성어 깊이 파헤치기**

중국 노나라에는 왕태라는 사람이 있었어.
이 사람은 덕이 높아 따르는 제자가 공자만큼이나 많았어.
이것을 보고 공자의 제자 중 한 명인 상계가 공자에게 물었어.
"왕태는 가르치는 것도, 토론도 하지 않는데 사람들은 그에게서 많은 것을 얻어 간다고 합니다. 그는 어떤 사람일까요?"
이에 공자는 "그는 성인이다. 사람은 흐르는 물을 거울삼지 않고 잔잔하고 고요한 물을 거울삼는다. 왕태의 마음이 그러하기 때문에 사람들이 왕태를 따르는 것이다."라고 대답했다고 해.

명불허전이 뭐야?

명불허전
名 不 虛 傳
이름 명 아닐 불 빌 허 전할 전

'허'자는 비어 있다는 뜻이에요. 불허니까 비어 있지 않다는 뜻이 되겠지요. 그래서 이름은 헛되이 전해지지 않는다는 뜻이 됩니다. 널리 알려진 이름 혹은 명성, 유명세에는 그럴 만한 까닭이 있다는 것을 말하는 것입니다.

엉뚱발랄 남매의 대화

 **잠깐! 똑똑해진 남매의 퀴즈**

 '명불허전'의 '허'자는 비어 있다는 뜻이야.
이 '허'자가 사용된 한자어는 어떤 게 있을까?

허약, 허영심 등이 있어.

 '명불허전'과 비슷한 뜻을 가진 고사성어는 뭐가 있을까?

'명실상부'가 있어.

 '명실상부'는 어떤 뜻이야?

이름과 실상이 서로 잘 들어맞는 걸 말해.

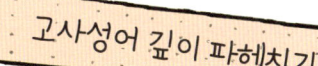 **고사성어 깊이 파헤치기**

중국 전국시대에 맹상군은 인재들을 후하게 대접하기로 유명했어. 그 때문에 다양한 재주를 지닌 사람들이 그의 영지인 설 지역으로 모여들었지. 이후 역사서인 <사기>를 지은 사마천은 맹상군이 불러들인 사람들의 집이 설 땅에 대략 6만 채나 되었다는 이야기를 책에 남기며, 맹상군이 손님을 좋아한다고 소문이 났는데 그 이름이 헛된 것이 아니었다고 표현해.

문전성시가 뭐야?

문전성시
門前成市
문 **문**　앞 **전**　이룰 **성**　시장 **시**

문 앞에 시장이 이루어졌다, 즉 문 앞에 시장이 생겼다는 뜻입니다. 문 앞에 몰려든 사람이 많아서 시장과 같다는 뜻인데, 가진 권력이나 재산이 많아 찾아오는 사람이 매우 많은 것을 뜻하는 말입니다.

엉뚱발랄 남매의 대화

 **잠깐! 똑똑해진 남매의 퀴즈**

 '문전성시'의 '성'자는 여러 가지 뜻으로 사용되는 한자인데 여기서는 어떤 것으로 사용되었게?

'이루다'는 뜻이지. 그 정도는 기본이지!

 그럼 이 한자를 쓰는 대표적인 단어에는 뭐가 있을까?

성공, 성립.

 '문전성시'와 비슷한 뜻을 가진 한자어나 고사성어는?

한자어는 장사진, 고사성어는 '인산인해' 등이 비슷한 뜻이지.

 **고사성어 깊이 파헤치기**

한나라 애제에게는 신하 정숭이 있었는데 백성들을 위하고, 옳은 말을 할 줄 아는 신하였지.
정숭을 눈엣가시처럼 보던 간신들은 왕에게 거짓으로 모함을 해. 사람들이 몰려들어 뭔가 나쁜 일을 꾸미는 것 같다고 말이야.
이에 왕은 정숭에게 "그대의 집 앞은 마치 시장과 같다고 하던데?" 하고 물어.
이에 정숭은 "저의 집 앞은 시장과 같으나 저의 마음은 물과 같이 깨끗합니다." 라며 자신의 결백을 주장해.
하지만 올바른 판단을 하지 못한 애제는 정숭을 옥에 가두어 버리고 말아.

미생지신이 뭐야?

미생지신
尾 生 之 信
꼬리 **미**   날 **생**   갈 **지**   믿을 **신**

한자 뜻으로만 보면 전혀 말이 통하지 않지요? '미생'은 사람의 이름입니다. 미생이란 이름을 지닌 사람의 믿음이란 뜻이에요. 정말 미련할 정도로 굳게 약속을 지키는 것을 뜻하기도 하고, 고지식하고 융통성 없는 것을 말하기도 합니다.

엉뚱발랄 남매의 대화

 **잠깐! 똑똑해진 남매의 퀴즈**

'미생지신'은 믿음과 약속에 관한 고사성어야.
약속에 관한 고사성어는 또 뭐가 있을까?

 한 번 한 약속은 반드시 지킨다는 뜻의 '계포일낙'이라는 고사성어가 있지.

<초한지>에 나오는 계포에 관한 고사성어, 나도 들어본 거 같아.
그럼 '미생지신'과 비슷한 고사성어는 뭐가 있을까?

 고지식하고 융통성 없다는 뜻의 '송양지인'이라는 고사성어가 있어.

 **고사성어 깊이 파헤치기**

중국 노나라에 미생이라는 사람이 살았어.
하루는 사랑하는 연인과 다리 아래에서 만나기로 했는데, 아무리 기다려도 여자가 오지 않는 거야.
문제는 그날 소나기가 많이 내렸다는 거야.
미생은 비가 계속 오는데도 피하지 않고 미련하게 계속 기다렸지.
그러다가 결국 다리를 끌어안고 죽고 말았어.
그 뒤로 고지식하고 융통성 없이 약속을 지키는 것을 '미생지신'이라고 한대.

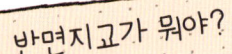

반면지교
半面之交
반 **반**   얼굴 **면**   갈 **지**   사귈 **교**

얼굴의 반만 사귄다는 뜻이 되는데 얼굴을 반만 안다는 건 제대로 모른다는 뜻입니다. 결국 잠깐 만난 사이로 얼굴 정도만 겨우 아는 사이이고, 가까운 사이는 아니라는 뜻입니다.

엉뚱발랄 남매의 대화

저기 제 친구 현서가 지나가요!

아~저 분이 현서 어머니셨구나?

현서 엄마 아는 분이세요?

일 때문에 잠깐 만난 반면지교한 사이야.

우와, 세상 참 좁네요.

 **잠깐! 똑똑해진 남매의 퀴즈**

 '얼굴 면'자는 우리가 좋아하는 어떤 음식을 나타내기도 한다는데 그거 알아?

당연히 알지. 국수를 나타내는 한자잖아.

 그럼 반면지교와 비슷한 표현은 뭐가 있게?

반면식이나 일면식.

 그럼 마지막으로 '반면지교'와 혼동하기 쉬운 '반면교사'라는 말이 있어. 이건 무슨 뜻이게?

잠깐만, 사전 좀.
다른 사람이나 물건의 나쁜 면에서 가르침을 얻는다는 뜻이구나.
덕분에 처음 알았네.

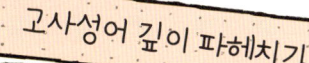 **고사성어 깊이 파헤치기**

중국의 유명한 학자 응봉은 기억력이 매우 좋았어.
20살에 팽성 태수를 찾아간 적이 있었는데, 태수는 집에 없었고 태수의 하인은 그를 쌀쌀맞게 대했었지.
오랜 시간이 지난 뒤 응봉은 손수레를 만드는 한 목수를 보고 아는 체를 하였어. 그때 그 하인이었거든.
목수는 갑자기 인사하는 사람이 누구인지 몰라 어리둥절해서 되물었지.
응봉은 예전 일을 설명하였고 목수는 그의 놀라운 기억력에 감탄했대.

반포지효가 뭐야?

반포지효
反哺之孝

돌이킬 **반** 먹일 **포** 갈 **지** 효도 **효**

어버이에게 되먹이는 까마귀의 효성이라는 뜻으로 부모님에 대한 자식의 지극한 효도를 가리키는 말입니다. 우리는 일반적으로 까마귀에 대해 부정적으로 생각하는 경향이 있지만, 이 고사성어에서는 까마귀가 좋은 의미로 사용되었네요.

엉뚱발랄 남매의 대화

 **잠깐! 똑똑해진 남매의 퀴즈**

'먹일 포'자는 사용이 많은 한자는 아닌데 우리가 과학 시간에 들어 본 단어 중에 혹시 기억나는 것 있어?

 혹시 포유동물?

맞아. 그럼 '반포지효'처럼 효도에 관한 다른 고사성어 생각나는 거 있어?

 음, 세속오계 중 하나인 '사친이효'가 있지.

오~ 그리고 부모님이 이미 세상을 떠나 효도할 수 없어서 슬프다는 뜻의 '풍수지탄'이 있어.

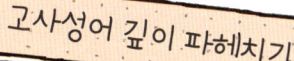 **고사성어 깊이 파헤치기**

이밀은 진나라 관리였어.
그 당시 왕이었던 무제는 이밀에게 높은 벼슬을 내리려고 했지만 효심이 깊었던 이밀은 늙은 할머니를 모신다는 이유로 관직을 사양해.
그러자 무제는 이밀에게 큰 화를 냈지.
이때 이밀은 자신을 까마귀에 비유하며 "까마귀가 어미새의 은혜에 보답하는 마음으로 조모님을 모시게 해 주세요."라고 대답했대.
명나라의 책 〈본초강목〉에 따르면 까마귀는 어릴 때는 어미가 새끼에게 먹이를 구해 주지만, 새끼가 다 자라면 사냥에 힘이 부치는 어미를 먹여 살린다고 해.

발본색원이 뭐야?

발본색원
拔本塞源
뽑을 **발**   근본 **본**   막힐 **색**   근원 **원**

잡초를 완전히 없애려면 어떻게 해야 할까요? 땅 위의 풀만 자를 게 아니라 뿌리까지 완전히 뽑아야겠지요. 나무를 뿌리째 뽑고 물이 솟아나는 곳을 없앤다는 뜻으로, 어떤 일 특히 나쁜 일의 원인을 없앤다는 뜻으로 사용됩니다.

엉뚱발랄 남매의 대화

어휴~
내 방 이걸 언제 다 치우지?

와~ 도와주러 왔지만 진짜 그냥 다 버리고 싶다.

근데 이것도 버리면 안 되고 그것도 버리면 안 되고.

손 대는 것마다 다 안되면 어떻게 하냐? 3년 동안 꺼내는 걸 본 적이 없는데 그건 왜 챙겨? 그런 걸 버려야 발본색원이 되지.

아, 그런가? 그럼 그동안 한 번도 안 꺼내 본 내 흑역사 성적표부터 버려야겠네.

야야 그건 나도 좀 같이~

잠깐! 똑똑해진 남매의 퀴즈

'발본색원'의 '색'자는 두 가지 소리로 읽을 수 있는 거 알아?

 당연히 알지. 막다, 막히다는 뜻의 '색'과 변방이라는 뜻의 '새'로 읽을 수 있어.

오호, 그럼 '발본색원'과 비슷한 뜻으로 사용되는 고사성어는?

 그건 솔직히 잘 모르겠네.

내가 알려줄게. 풀을 베고 뿌리를 캐낸다는 뜻의 '진초세근'과 줄기를 깎고 뿌리를 파낸다는 뜻의 '삭수굴근'이 있어.

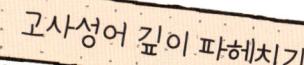 
고사성어 깊이 파헤치기

주나라 성왕은 어린 나이에 왕의 자리에 올랐어.
그래서 그의 숙부 주공이 그를 옆에서 열심히 도와줬지.
성왕은 숙부와 자신의 관계를 이렇게 설명해.
"나에게 숙부는 옷에 갓과 면류관이 있고, 나무와 물에 근원이 있고, 백성들에게 지혜로운 왕이 있는 것과 같다. 만약 숙부께서 갓을 부수고, 뿌리를 뽑고 근원을 막아 지혜로운 왕을 버리신다면 어느 누구도 나를 따르지 않을 것이다."
이는 성왕이 얼마나 주공에게 의지하고 있는지를 보여주는 말로, '발본색원'은 이 이야기에서 유래가 되었어.

방약무인이 뭐야?

방약무인
傍若無人
곁 **방** 같을 **약** 없을 **무** 사람 **인**

곁에 다른 사람이 없는 것처럼 생각한다는 뜻입니다. 즉 주위에 다른 사람들이 있어도 아랑곳하지 않고 제멋대로 행동하는 것을 말합니다. 일반적으로 나쁜 뜻으로 사용됩니다.

엉뚱발랄 남매의 대화

 **잠깐! 똑똑해진 남매의 퀴즈**

 '방약무인'과 비슷한 뜻의 고사성어는 어떤 게 있을까?

잘 모르겠네.

 눈 아래 사람이 없다는 뜻의 '안하무인'이 있어.

대박, 불쌍하네. 얼마나 키가 작기에 눈 아래로 보이는 사람이 없다는 거야?

 헐, 그게 아니라 '방약무인'과 비슷한 의미로, 마치 눈에 보이는 것이 없는 듯 건방지게 행동하는 것을 말해.

고사성어 깊이 파헤치기

'방약무인'은 사마천이 쓴 <사기> 중 자객열전에 나오는 이야기야.
자객은 다른 사람을 몰래 죽이는 일을 하는 사람을 말해. 당시 자객 중 가장 유명한 형가라는 사람이 있었어.
그는 문학과 무예에 능했지만 나라를 다스리는 일에 그 뜻을 펼칠 수는 없었어. 그래서 여러 나라를 떠돌아다니며 사람들과 사귀기를 즐겼지.
그중 비파를 잘 켜는 고점리라는 사람을 만나 친한 사이가 되었어. 그는 고점리의 비파에 맞추어 춤을 추고 술을 마시며 큰 소리로 노래를 부르곤 했다고 해. 그렇게 울고 웃으며 시간을 보낼 때는 마치 곁에 아무도 없는 것처럼 보였다고 하더라고.

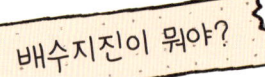

배수지진 背水之陣
등 **배** 물 **수** 갈 **지** 진칠 **진**

진을 친다는 것은 군인들이 전투를 하기 위해 자리를 잡는 것을 말합니다. 물을 등에 지고 진을 친다는 것은 물러나면 물에 빠져 죽는 것을 의미합니다. 물에 빠져 죽을 바에는 치열하게 전투를 벌여서 이기는 편이 낫겠지요. 이런 뜻으로 어떤 일에 죽을 각오로 마음의 준비를 하는 것을 말합니다.

엉뚱발랄 남매의 대화

- 임진왜란 때 신립 장군이 배수지진을 치고 싸웠다네요.
- 충주 탄금대에서 진을 치고 싸웠지.
- 그런데 문경새재에 진을 치는 게 나았을 거라는 이야기도 있던데요?
- 역사에 가정은 없지만 그럴 수도 있겠지.
- 그렇다면 좀 아쉽네요.
- 흠, 중요한 건 신립 장군이 배수지진을 칠 만큼 나라를 구하고 싶었던 마음이 절박했다는 것을 이해하는 거겠지.

잠깐! 똑똑해진 남매의 퀴즈

 '배수지진'의 '등 배'자는 배반하다는 뜻으로 많이 사용돼. 이 '배'자가 사용된 한자어는 뭐가 있는지 알아?

그거야 쉽지. 배반자, 배신자.

 한자 공부하는데 왜 이상하게 기분이 나쁘지? 감정도 실린 것 같고….

워워~ 진정해. 그럼 넌 배수지진과 비슷한 뜻의 고사성어에 뭐가 있는지 알아?

 솥을 부수고 배를 가라앉힌다는 뜻의 '파부침주', '파부침선' 등이 있어.

좀 무섭다. 역시 평화로운 게 좋다!

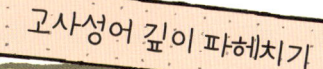

한나라의 명장 한신의 이야기야.
조나라를 공격하던 한나라는 오랜 전쟁으로 조나라에 비해 힘이 떨어진 상태였어. 그래서 한 가지 꾀를 내.
우선 조나라의 성채 뒤에 군사들을 매복시키고, 일부 병사들이 조나라의 성채를 공격했어. 그러고는 거짓으로 후퇴하는 척했지. 그러자 조나라 군사들은 한나라 병사들을 쫓기 시작했어. 후퇴하던 한나라 군사들은 강을 등지고 진을 치며 조나라 병사들을 결사적으로 막아내. 그 틈에 성채 뒤에 숨어있던 군사들이 조나라 성채를 점령해 버려. 한나라가 승리를 한 거야.

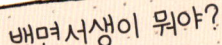
백면서생이 뭐야?

백면서생
白面書生
흰 백 　 얼굴 면 　 글 서 　 날 생

방에서 공부만 열심히 해서 얼굴이 하얀 학생이란 뜻이라고 할 수 있지요. 서생은 원래는 유학을 공부하는 사람을 뜻합니다. 요즘 식으로 풀이하면 학생이 되겠지요. 즉 공부만 열심히 해서 아직은 세상 경험이 부족한 사람을 뜻합니다.

엉뚱발랄 남매의 대화

너 그거 알아? 삼국지연의에서 제갈량이 유비군으로 왔을 때 많은 장수들은 마음에 들어 하지 않았대.

하긴 그냥 백면서생으로 보였을 테니까 말이지.

제갈공명이 대단하기 한데, 난 부럽지는 않아.

왜?

밤새 머리 써서 책략 만들고 일하는 건 하나도 부럽지 않아.

크으~ 그건 나도 좀.

잠깐! 똑똑해진 남매의 퀴즈

'백면서생'은 경험이 부족한 사람을 말하잖아. 그러면 반대로 경험이 많은 사람을 가리키는 말에는 뭐가 있을까?

 '백전노장'이라는 말이 좋을 거 같다.

그리고 고사성어는 아니지만 '산전수전을 다 겪은 사람' 이런 말이 반대되는 의미인 것 같아. 네 생각은 어때?

 그렇다면 '노마지도'도 반대되는 뜻인 거 같아. 경험 많은 사람의 지혜라는 뜻이니 말이야.

고사성어 깊이 파헤치기

중국 송나라 때 일이야. 송나라는 북위라는 나라와 대립 중이었어. 그래서 북위를 공격할 생각을 하고 있었지.

마침 북위가 다른 나라를 공격하자 송나라의 왕 문제는 좋은 기회라 생각하여 문신들과 공격할 방법을 논의해.

이에 전쟁 경험이 많았던 무관 심경지는 출병에 반대하며 이렇게 말해.

"폐하, 밭갈이는 종에게 물어보고, 베를 짜는 일은 하녀에게 물어보아야 합니다. 지금 폐하는 적을 공격하려고 하시면서 백면서생(전쟁 경험이 없는 문신)과 의논을 하시면 어찌 적을 이길 수 있겠사옵니까."

결국 왕은 이 말을 귀담아듣지 않고 출병하였다가 대패하게 돼.

백전백승이 뭐야?

백전백승
百戰百勝
일백 백 싸움 전 일백 백 이길 승

백 번 싸워 백 번 승리한다는 뜻입니다. 백이라는 실제 숫자보다는 싸우기만 하면 반드시 이긴다는 뜻으로 사용됩니다. 싸움에서 사용되기도 하지만 경기의 승리나 어떤 일의 성공을 의미하기도 합니다.

엉뚱발랄 남매의 대화

 **잠깐! 똑똑해진 남매의 퀴즈**

 '백전백승'이라니 우리 축구팀이 이러면 좋겠다.
근데 '일백 백'자가 사용된 고사성어에는 또 어떤 게 있을까?

'백절불굴', '백절불요'가 있어.

 어떤 뜻이야?

어떤 어려움이 와도 굽히지 않는 정신과 자세를 가리키는 말이야.

 좀 멋진데? 아까 했던 말 좀 바꾸어서
'백절불굴'의 자세로 '백전백승' 했으면 좋겠다.

하여튼 축구라면….

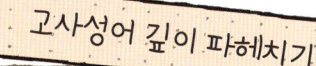 **고사성어 깊이 파헤치기**

중국의 손무라는 인물은 흔히 손자라고 부르고, 손자가 지은 책 중 〈손자병법〉은 최고의 병법서 중 하나로 손꼽혀.
그는 그 책에서 군대를 동원하여 적을 치는 것은 지략이나 외교를 통한 방법보다 못하다고 이야기했지.
또 이 책에서 적을 알고 나를 알면 백 번 싸워 백 번 위태롭지 않다고 이야기해.
'백 번 위태롭지 않다'가 '백 번 이긴다'로 흔히 바뀌어서 사용되면서 백전백승이 된 거야.

백중지간이 뭐야?

백중지간
伯 仲 之 間
맏 **백**   버금 **중**   갈 **지**   사이 **간**

어떤 인물들의 능력이나 지식 등이 서로 비슷하여 누가 나은지 못한지를 구분할 수 없을 때 사용하는 말입니다. 흔히 사람에 빗대어 사용하지만 경기에 출전하는 팀 등 경쟁에서 실력이 비슷한 상대에 대해서도 사용합니다.

엉뚱발랄 남매의 대화

 **잠깐! 똑똑해진 남매의 퀴즈**

 '백중지간' 혹은 '백중지세'와 비슷한 말에는 뭐가 있을까?

'난형난제'나 '막상막하' 등이 있어.

 맞아. 서로 비슷비슷하다는 뜻으로 범위를 넓히면 '대동소이'나 '호각지세'도 비슷한 말인 거 같아.

응. 그럼 '백중지간'과 반대되는 말을 찾는다면?

 흠, '천양지차'가 있지 않을까? 하늘과 땅 차이처럼 매우 큰 차이를 말하니까 말이야. 우리는 '백중지세'일까 '천양지차'일까?

쌍둥이끼리 뭘 그런 걸 따지냐?

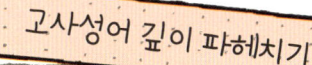 **고사성어 깊이 파헤치기**

조비는 위나라 초대 황제였어.
조비 자신의 책에서 한나라의 문장가인 부의와 반고 두 사람 중 누구의 실력이 더 나은지 우열을 가릴 수 없다는 뜻으로 '백중지간'이라 평하였지.
사실 백과 중은 형제 중 첫째와 둘째를 나타내는 말이야.
형제의 외모나 실력, 품성이 비슷한 것을 '백중지간'이라 하지.
요즘은 '백중지간'보다 '백중지세'로 더 많이 사용되기도 해.

병가상사가 뭐야?

병 가 상 사
兵 家 常 事
군사 병   집 가   항상 상   일 사

원래는 승패병가상사라는 말입니다. 싸움에서 이기고 지는 일은 병가(군, 군대)에서 늘 있는 일이라는 뜻입니다. 요즘은 일상생활에서도 많이 사용하는데, 어떤 일에도 성공과 실패가 있으니 실패했더라도 다시 힘내서 도전하라는 의미로 많이 사용합니다.

엉뚱발랄 남매의 대화

- 우리 반 오늘 티볼 시합에서 다른 반에 졌어요.
- 병가상사라는 말도 있잖니. 이길 때도 있고 질 때도 있는 거지.
- 네, 저는 별로 신경 안 쓰는데 담임선생님은 속 좀 상하신 것 같아요.
- 아니 왜?
- 원래 그 반 선생님이랑 체육시간 라이벌인데다가 오늘은 아이스크림 내기였거든요.
- 아하! 선생님께는 뼈아픈 패배였구나.

잠깐! 똑똑해진 남매의 퀴즈

'병가상사'는 실패했을 때 사용하는 말이잖아. 실패와 관련된 고사성어에는 어떤 것이 있을까?

 '복거지계'가 있어. 앞사람의 실패를 보고 뒷사람이 조심한다는 말이야.

그럼 '병가상사'처럼 실패했을 때 다시 도전하라는 의미로 말해 줄 수 있는 고사성어는?

 '권토중래'나 '칠전팔기'가 있지.

그래. 우리가 절대 실패하지 않은 '만전지계'는 짤 수 없으니까 말이야.

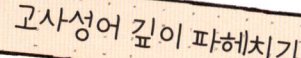 

고사성어 깊이 파헤치기

당나라에 배도라는 장수가 있었어.
배도는 전쟁에서 패배하고 돌아와.
이에 낙심한 배도에게 당 황제는 "한 번 이기고 한 번 지는 것은 병가에서 늘 있는 일이다."라고 위로했대.
이처럼 전쟁에 패배한 후 마음을 추스르게 하기 위해 자주 사용하는 말이야.

복거지계가 뭐야?

복거지계
覆車之戒
엎어질 **복** 수레 **거** 갈 **지** 경계할 **계**

앞에 가는 수레가 엎어진 것을 보고 뒤에 가는 수레들이 경계한다는 뜻입니다. 경계란 뜻밖의 사고가 생기지 않도록 조심하거나 주의한다는 뜻이지요. 즉 이전 사람의 실패를 보고 뒤에 비슷한 일을 하는 사람들이 교훈을 삼아 스스로 조심하고 주의한다는 뜻입니다.

엉뚱발랄 남매의 대화

보통 집에서는 첫째 아이를 꾸중하면 동생은 그걸 보고 엄마 눈치를 보거나 조심해서 행동한다고 해.

맞아요. 저도 둘째인데 저도 모르게 복거지계를 실천하고 있더라고요.

어, 우리 집은 아닌데.

맞아요. 우리는 거의 둘이 같이 말썽을 피워서 항상 같이 혼나니 복거지계를 할 수가 없었어요.

쌍둥이가 그런 단점이 있는 줄은 또 몰랐네.

 **잠깐! 똑똑해진 남매의 퀴즈**

 '복거지계'처럼 수레와 관련된 말은 뭐가 있을까?

'당랑거철'이 있잖아. 용감한 사마귀.

 그리고 책 많이 읽으라는 뜻의 뭐 있었는데….

'남아수독오거서' 말하는 거지? 남자는 적어도 다섯 수레의 책은 읽어야 한다는 뜻. 아, 그것도 생각났다. '빈 수레가 요란하다'는 속담!

 요즘 말할 때마다 나를 뚫어져라 쳐다보면서 말하더라?

고사성어 깊이 파헤치기

후한에는 두무라는 강직한 사람이 있었어. 그의 딸이 황후가 되자 두무는 장관이 되었지.

두무가 장관이 된 때는 환관들의 횡포가 심한 시기였어. 그래서 많은 신하들이 환관들의 횡포를 죄로 다스려야 한다고 주장했어. 그러자 환관들은 자기들을 모함하였다고 오히려 그들을 체포해 버렸지.

이 사건에 대하여 두무는 황제에게 '환관의 잘못된 행동을 그대로 두신다면 진나라 때의 실패를 반복하는 것이며, 엎어진 수레의 바퀴를 다시 밟는 것'이라 이야기해. 이에 황제는 체포된 사람들을 모두 풀어 주었지.

분골쇄신이 뭐야?

분골쇄신
粉骨碎身
가루 **분**　뼈 **골**　부술 **쇄**　몸 **신**

말 그대로 해석하면 뼈가 가루가 되고 몸이 부서진다는 뜻입니다. 무척 살벌한 뜻이지요. 비유적인 표현으로 그만큼 최선을 다해서, 온 힘을 다해서 노력하는 것을 말합니다.

엉뚱발랄 남매의 대화

100

 **잠깐! 똑똑해진 남매의 퀴즈**

 '분골쇄신'과 비슷한 뜻을 가진 고사성어는 뭐가 있을까?

'자강불식'이 있어.

 그건 무슨 뜻인데?

마음을 굳건히 먹고 쉬지 않고 노력한다는 뜻이야.

 진짜로 쉬지 않는 건 아니겠지?

비유적 표현이겠지만 그만큼 열심히 노력한다는 거지.

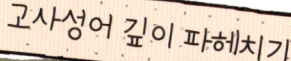 

중국의 소설 〈곽소옥전〉에 나오는 말이야.
명문가 출신의 이익은 곽소옥이라는 기생을 만나게 돼. 둘은 곧 사랑에 빠지게 되고 결혼을 약속하지. 그리고 이익은 혹시나 헤어지게 될까 걱정하는 곽소옥에게 이렇게 말해.
"몸이 부서져 뼈가 가루가 되더라도 그대를 버리지 않으리라 약속하오."
하지만 고향으로 돌아온 이익은 다른 여자와 결혼을 하게 되고 일부러 곽소옥과 연락을 끊어 버려.
이익을 잊지 못한 곽소옥은 결국 병에 걸려 숨을 거두게 되고, 이익은 귀신이 된 곽소옥에 시달리며 평생 불행하게 살았대.

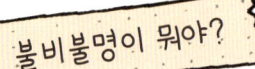

불비불명
不飛不鳴
아닐 **불**   날 **비**   아닐 **불**   울 **명**

날지도 울지도 않는다는 뜻입니다. 새가 날지도 울지도 않는다니 마치 사냥감을 잡기 위해 숨을 죽이고 기다리는 모습이 연상되지 않나요? 기회가 왔을 때 도약하기 위한 모습이라고 할 수도 있겠지요. 불비불명은 어떤 큰일을 하기 위해 기회를 잡으려 조용히 기다리는 모습을 말합니다.

엉뚱발랄 남매의 대화

- 너도 어서 해!
- 아니야, 지금은 아니야.
- 어서 해야지, 왜 그러고 있어?
- 난 불비불명 중이야. 그러니 기다려줘.
- 청소하는데 무슨 불비불명이 필요해? 확 엄빠한테 말한다!
- 헉, 알았어.

잠깐! 똑똑해진 남매의 퀴즈

 '불비불명'과 비슷한 뜻을 가진 고사성어에는 뭐가 있을까?

같은 고사에서 나온 '일명경인'이라는 말이 있어. 한 번 시작하면 세상을 놀라게 할 일을 한다는 뜻이야.

 아, 뛰어난 인재가 기다리고 있다는 뜻이구나.

맞아. 누워 있는 용과 봉황의 새끼라는 뜻의 '와룡봉추'도 때를 기다리는 인재라는 뜻이야.

 우와, 비유의 규모가 다르네. 용, 봉황이라니!

고사성어 깊이 파헤치기

제나라 위왕은 날마다 술과 노래를 즐기며 정치를 멀리했어.
그래서 나라가 제대로 돌아가지 않았지만 어느 누구도 왕에게 이러한 상황을 말하지 못했지.
그러던 어느 날, 순우곤이라는 사람이 위왕에게 수수께끼를 내.
"대궐에 큰 새가 있는데, 3년 동안 날지도 않고 울지도 않는 새가 무슨 새일까요?" 하고 말이야.
위왕은 이렇게 말해.
"그 새는 한 번 날면 하늘에 오르고 한 번 울면 세상을 놀라게 할 것이다."
그때부터 위왕은 바르게 나라를 다스리게 되었다고 해.

비육지탄이 뭐야?

비육지탄
髀 肉 之 嘆
넓적다리 **비** 고기 **육** 갈 **지** 탄식할 **탄**

넓적다리, 주로 허벅지라 부르는 무릎 위쪽 다리 부분에 살이 붙은 것에 대한 한탄이라는 뜻입니다. 보람 있는 일은 하지 못한 채 시간만 보내는 것에 대해 한숨을 쉬며 후회하는 일을 말합니다.

엉뚱발랄 남매의 대화

 **잠깐! 똑똑해진 남매의 퀴즈**

'비육지탄'처럼 시간만 헛되이 보냈다는 뜻으로 사용되는 말 더 알고 있어?

 자주 듣는 말이지. '허송세월'한다고.

그게 자랑은 아니지! 그러면 혹시 시간에 관한 것 또 뭐 아는 말 있어?

 '일각이 여삼추'라고, 일각(15분)이 삼 년 같다는 뜻인데 기다리는 마음이 매우 간절하다는 의미야.

얼마나 간절하면 그럴까? 나는 '토수오비'라는 말이 생각나. 토끼가 달리고 까마귀가 나는 것처럼 세월이 빨리 지나가는 걸 뜻해.

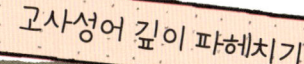 **고사성어 깊이 파헤치기**

삼국시대 촉나라 왕이였던 유비는 한때 신야라는 성을 다스린 적이 있어. 어느 날 유표의 초대를 받아 잔치에 갔는데 자기 넓적다리에 살이 찐 것을 보고 슬픔을 느끼지.
그를 본 유표가 이유를 묻자 유비는 "전에는 말을 타고 전장을 누비느라 허벅지에 살이 붙을 겨를이 없었는데 요즘은 그럴 일이 없어 허벅지에 살이 쪘습니다. 나이는 들어가는데 이룬 공적이 없어 슬퍼하였습니다."라고 대답해.
이후 수많은 일을 겪은 유비는 촉나리를 세우게 되지.

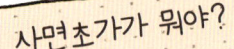

사면초가
四面楚歌
넉 **사** 낯 **면** 초나라 **초** 노래 **가**

사면에서 즉 동서남북 네 방향에서 초나라의 노래가 들린다는 뜻입니다. 즉 사방이 모두 적으로 둘러싸인 상황을 말합니다. 요즈음은 주위의 도움을 받을 수 없는 어려운 상황에 처했을 때를 일컫는 말로 사용합니다.

엉뚱발랄 남매의 대화

— 모두 숙제 같이 해야 하니까 빨리 와.
— 맞아, 왜 맨날 도망가고 그래?
— 또 도망가면 혼자 다 하라고 할 거야!
— 완전 사면초가네. 이제 정말 열심히 할게. 혼자서는 무리야.

— 이상하다. 그 말 예전부터 많이 들었던 말 같기는 한데... 마지막으로 믿어준다!
— 휴, 살았다.

 **잠깐! 똑똑해진 남매의 퀴즈**

'사면초가'처럼 어려움에 처한 상태를 나타내는 말에는 뭐가 있을까?

 '고립무원'이나 '진퇴양난'. 듣기만 해도 답답하지?

그러면 반대로 도움이나 협력에 관한 말에는 뭐가 있을까?

 '동심협력', '상부상조', '십시일반' 같은 게 있겠네.

대단한데! 최고는 아무래도 하늘이 도와준다는 '천우신조' 같기는 해. 이번에는 제발 콘서트 티켓 구할 수 있게 하늘에서 도와주신다면….

 그건 진짜 하늘이 도와야 될 듯.

고사성어 깊이 파헤치기

초나라의 왕 항우는 한나라의 유방군에 패하여 해하에서 포위가 돼.
밤이 되자 여기저기에서 초나라의 노랫소리가 들리는 거야.
그 노래를 듣고 항우는 크게 낙심해.
"한나라가 이미 초나라를 점령한 것인가. 어찌하여 초나라 사람이 이처럼 많은 가." 하고 말이야.
낙담한 건 항우뿐만 아니라 초나라의 병사들도 마찬가지였어.
그리운 고향 노래에 의욕을 잃고 많은 수가 도망을 쳐 버렸대.

살신성인이 뭐야?

살신성인
殺身成仁
죽일 **살**   몸 **신**   이룰 **성**   어질 **인**

인을 이루기 위해서 자신의 목숨을 바친다는 뜻입니다. 반드시 목숨을 바치는 것이 아니라 다른 사람을 위해서 자신의 고통이나 힘듦을 참아 내거나 이웃에게 자신의 이익을 양보하거나 봉사하는 경우 등에 사용하는 말입니다.

엉뚱발랄 남매의 대화

 **잠깐! 똑똑해진 남매의 퀴즈**

'살신성인'과 비슷한 뜻을 가진 말에는 뭐가 있을까?

 사전 좀 찾아볼게.
'사생취의'나 '명연의경'이라는 말이 있는데 거의 같은 뜻이야.

그 외에도 여러 사람을 위해 애쓰는 것, 공익을 위해 애쓰는 것도 포함하면 '멸사봉공'이나 '읍참마속'도 비슷한 거 같아.

 근데 여기 나오는 '대의멸친'은 별로다.

왜?

 큰 뜻을 위해 부모나 형제도 돌보지 않는다는 뜻인데,
자기 가족도 못 돌보는 사람이 무슨 큰일을 할 수 있을까?

웬일이셔~ 이제 철 좀 드는가?

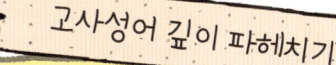 
고사성어 깊이 파헤치기

공자의 말씀을 기록한 〈논어〉에 나오는 말입니다.
'뜻 있는 선비와 어진 사람은 자신이 살기 위하여 인을 해치는 일이 없고 오히려 자신의 목숨을 바쳐 인을 이룰 뿐이다.'
우리가 가끔 뉴스를 보다 보면 다른 사람을 위하여 위험한 상황에 뛰어들어 다치 거나 안타깝게도 목숨을 잃는 분들의 이야기를 들을 수 있어요.
이러한 분들이 공자님이 말씀하시는 '살신성인'을 실천했다고 할 수 있지요.

삼고초려가 뭐야?

삼고초려
三 顧 草 廬
석 삼 돌아볼 고 풀 초 농막집 려

초려를 세 번 찾아간다는 뜻입니다. 초려는 짚이나 갈대 따위로 지붕을 이은 집, 오두막을 말합니다. 유비와 제갈량의 고사에서 유래된 말로, 뛰어난 인재를 맞기 위해 진심을 다해 힘쓰는 것을 말합니다.

 **잠깐! 똑똑해진 남매의 퀴즈**

 <삼국지연의>에서 가장 뛰어난 군사로 꼽히는 사람은?

사마의. 농담이고, 아마 제갈량이겠지?

 맞아. 대부분 제갈량을 꼽을 거야.
제갈량과 관련된 여러 고사성어가 있는데, 알고 있는 거 있어?

많아. '수어지교', '읍참마속', '삼고초려' 등. 그리고 고사성어는 아니지만 최고는 '죽은 제갈량이 산 중달을 쫓다'는 말인 거 같아.

 자신의 죽음까지 이용한 최고의 전략이었어.
괜히 천재 군사가 아닌 거야.

 **고사성어 깊이 파헤치기**

유비는 무너져 가는 한나라를 살리기 위해 노력해.
하지만 관우, 장비, 조운 같은 훌륭한 무장을 두고도 조조에게 지는 일이 계속되자 전술과 전략을 계획할 참모의 필요성을 느꼈지.
그러다 시골에서 농사를 짓고 있던 제갈량이라는 훌륭한 인물에 대해 알게 돼.
유비는 제갈량을 만나기 위해 그의 초가집으로 세 번이나 찾아갔어.
그의 정성에 감복한 제갈량은 유비를 돕게 되고 중국 역사상 최고의 지략가로 이름을 남기게 됐지.

삼인성호가 뭐야?

삼인성호
三人成虎
석 삼 사람 인 이룰 성 범 호

세 사람이 호랑이를 만들어 낸다는 뜻입니다. 세 명이 똑같이 호랑이가 나타났다고 말한다면 그 이야기를 듣는 사람이 믿을 수밖에 없겠지요. 이처럼 거짓인 이야기도 여러 사람이 똑같이 하면 듣는 사람은 참으로 믿게 된다는 말입니다.

엉뚱발랄 남매의 대화

 **잠깐! 똑똑해진 남매의 퀴즈**

'삼인성호'처럼 거짓말에 관한 고사성어가 또 있을까?

 거짓말의 다른 표현인 '허망지설'이 있어.

그러면 달콤한 거짓말로 속인다는 뜻의 고사성어는?

 '감언이설'이지!
거짓말 말고 정직의 중요성을 이야기한 말들도 꽤 있을 것 같은데….

'거짓말은 십리를 못 간다'와 '정직이 최선의 방책이다'는 표현이 있어.

 **고사성어 깊이 파헤치기**

위나라의 신하였던 방총은 외교사절로 나라를 떠나게 돼.
떠나기 전 위나라 왕에게 자신을 비방하는 말을 믿지 말라고 다음과 같이 이야기를 하지.
"시장에 호랑이가 없더라도 세 사람이 연이어 호랑이가 있다고 하면 그 이야기를 들은 사람은 호랑이가 있다고 생각할 것입니다."
이에 왕은 그러지 않겠다고 다짐을 해.
하지만 방총이 나라를 떠난 후 그에 대해 나쁜 말을 하는 사람이 많아지자 왕은 방총을 의심했고, 방총은 결국 위나라도 돌아오지 못하게 됐지.

상전벽해가 뭐야?

상전벽해
桑田碧海
뽕나무 상 **밭 전** **푸를 벽** **바다 해**

뽕나무밭이었던 곳이 푸른 바다로 변한다는 뜻입니다. 세상이 몰라볼 정도로 변하는 것을 비유해서 표현하는 말입니다. 흔히 논밭이었던 곳이 도시로 변해서 그 모습을 알아보지 못할 때 많이 사용됩니다.

엉뚱발랄 남매의 대화

 **잠깐! 똑똑해진 남매의 퀴즈**

 '상전벽해'처럼 바다와 관련된 고사성어는 뭐가 있을까?

넓고 넓은 바다를 뜻하는 '망망대해'가 있지.

 '망망대해' 하니까 큰 강과 넓은 바다라는 뜻의 '장강대해'도 생각나네.

하나 더! 육지에서 멀리 떨어진 섬이라는 뜻의 '절해고도'도 있어.

 바다에 관한 말도 여러 개 있네. 마지막으로 문제 낼게.
산과 바다에서 나는 맛있는 음식을 뜻하는 말은?

'산해진미'지! 음~ 오늘 저녁 메뉴는 뭘까?

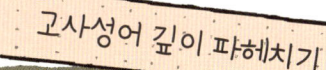 **고사성어 깊이 파헤치기**

옛날 채경이라는 귀족이 있었는데, 하루는 왕방평이라는 신선을 초대했어.
채경의 집에 도착한 왕방평은 마고선녀도 초대를 해서 함께 자리를 하게 돼.
식사하는 중에 마고선녀는 왕방평에게 이렇게 말해.
"제가 신선님을 모시고부터 뽕나무밭이 세 번이나 푸른 바다로 변하였습니다.
이번에 봉래에 갔더니 바다가 다시 얕아져 육지가 되려고 하고 있더군요."
그 말을 들은 주위 사람들은 모두 깜짝 놀랐어.

새옹지마가 뭐야?

새옹지마
塞翁之馬
변방 새 늙은이 옹 갈 지 말 마

변방, 즉 국경 지역에 사는 늙은이의 말이란 뜻입니다. 옛날 국경 지역에 살던 한 늙은이에게 일어난 일처럼 사람이 살아가는 데 좋은 일과 나쁜 일은 미리 알 수가 없다는 뜻입니다. 그러니 너무 자만하거나 낙담할 필요가 없겠지요.

엉뚱발랄 남매의 대화

— 내가 휴대폰을 잃어버렸지 뭐야.
— 엄청 꾸중 들었겠는데?
— 대신 최신 휴대폰이 생겼어.
— 축하축하! 이런 좋은 일이.
— 근데 집에 오면 바로 반납하라는 엄명이 내려져서 집에서는 휴대폰 만지지도 못해.
— 하아, 역시 인생은 새옹지마라니까.

 **잠깐! 똑똑해진 남매의 퀴즈**

'새옹지마'와 비슷한 뜻을 가진 고사성어는?

 '전화위복'?

그렇겠다. 화가 바뀌어 복이 된다는 표현이니까.

 그러면 '새옹지마'와 반대되는 말에는 어떤 게 있을까?

찾기는 어려운데 미래를 예측하는 안목이라는 뜻의 '선견지명' 정도가 아닐까 해.

 그럴 듯하네.

 **고사성어 깊이 파헤치기**

국경 근방에 한 늙은이가 살았어.
하루는 그가 기르는 말이 이유도 없이 달아나 버려.
마을 사람들이 위로를 하자 늙은이는 "이것이 또 복이 될지 어찌 알겠소."라고 말해.
몇 달 뒤 늙은이의 말은 다른 좋은 말 한 마리를 데리고 돌아왔어. 마을 사람들이 축하를 하자 다시 늙은이는 "이것이 또 화가 될지 어찌 알겠소."라고 말해.
얼마 뒤 새로 온 좋은 말을 타던 늙은이의 아들이 말에서 떨어져 다리가 부러져서 절름발이가 돼. 이를 본 마을 사람들이 위로를 하자 늙은이는 "그것이 복이 될지 어찌 알겠소."라고 말해.
1년 후 갑자기 전쟁이 나서 절름발이인 늙은이의 아들을 제외한 모든 청년들이 전쟁에 나가 돌아오지 못했다고 해.

선공후사가 뭐야?

선공후사
先公後私
먼저 **선** 공평할 **공** 뒤 **후** 사사 **사**

공적인 것, 즉 사회를 이루는 여러 사람이나 단체에 두루 해당되는 일을 먼저 하고 사적인 것, 즉 개인적인 일은 뒤로 미룬다는 뜻입니다. 공적인 것을 우선하고 개인적인 것을 뒤로 생각한다는 의미입니다.

엉뚱발랄 남매의 대화

잠깐! 똑똑해진 남매의 퀴즈

 '선공후사'와 뜻이 비슷한 말은 무엇이 있을까?

사사로운 감정을 버리고 공적인 것을 먼저 위한다는 뜻의 '멸사봉공'.

 그럼 그 반대되는 말도 있지 않을까?

공적인 일인 척하지만 실제로는 개인의 욕심을 챙긴다는 뜻의 '빙공여사'라는 말도 있어.

 개인적인 욕심을 채우는 거라면 '사리사욕을 채운다'는 표현과도 비슷한 거 같아.

고사성어 깊이 파헤치기

진나라 소양왕이 조나라 혜문왕을 초대해. 하지만 겁이 난 혜문왕은 가지 않으려 하지. 이때 조나라의 장군이였던 염파는 인상여에게 왕을 모시고 진나라에 다녀오라고 해. 인상여의 공으로 무사히 회담을 마치고 돌아오자 혜문왕은 인상여를 재상으로 삼아.

이에 염파는 전쟁에서의 공이 큰 자기보다 인상여가 말재간으로 더 높은 자리에 올랐다고 화를 냈지. 이 소식을 듣고 인상여는 염파와 마주치지 않으려고 노력해. 이를 보고 인상여의 주변 사람들이 부끄럽다 하자 인상여는 이렇게 말해.

"진나라 왕 앞에서도 당당했던 내가 염장군을 두려워하겠는가? 나와 염장군이 다툰다면 진나라에 이로운 것이다. 내가 그를 피한 것은 나라의 일이 우선이고 사사로운 일은 나중이기 때문이다."

이 이야기를 들은 염파는 인상여에게 사과했고 둘은 우정을 나누었다고 해.

성동격서가 뭐야?

성동격서
聲東擊西
소리 **성**　동녘 **동**　칠 **격**　서녘 **서**

동쪽에서 소리치고 서쪽을 공격한다는 뜻입니다. 마치 동쪽을 공격하는 것처럼 하고는 실제로는 서쪽을 공격한다는 뜻으로, 상대방을 그럴듯하게 속여서 유리한 상황에서 공격하는 것을 말합니다. 또는 유리한 상황을 만드는 것을 말합니다.

엉뚱발랄 남매의 대화

축구의 기본 전술인 2대1 패스 라는 게 있어요. 우리 편 선수가 드리블을 하다가 상대편 수비를 피해 우리 편 다른 선수에게 패스를 해요. 그러면 어떻게 될까요?

상대편 수비는 공을 받은 선수를 막으려고 달려갈 거예요.

맞아요. 그러면 먼저 공을 넘겨 준 선수는 자유롭게 되는데, 이때 수비가 없는 곳으로 질주해요. 그때 공을 가지고 있는 선수가 질주하고 있는 선수에게 패스를 하는 전략이에요.

공을 보면 전부 몰려가는 초등학생의 본능을 이겨야 하는 문제가 있습니다.

일종의 성동격서와 같은 전략이네요. 근데 문제가 하나 있어요.

아하~

 **잠깐! 똑똑해진 남매의 퀴즈**

'성동격서'는 군대의 전술이나 전략에서 유래된 말이야. 이런 말이 또 있을까?

 그거 있잖아. 도망갈 때 사용하는 '삼십육계 줄행랑'.

그거 많이 들어본 거 같아. 그거 외에 6.25 전쟁과 관련된 '인해전술'도 있어.

 '연막작전'이라는 것도 자주 들었어. 실제로는 연기 등으로 아군을 파악하지 못하게 하는 방법인데, 요즘은 어떤 사실을 교묘하게 속이는 것을 말한다고 해.

역사 속에 전쟁이 많아서 그런지 전쟁에서 유래된 말들이 제법 있네.

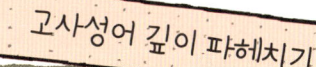 **고사성어 깊이 파헤치기**

한나라와 초나라의 싸움이 한창일 때 일이야.
초나라에 항복한 위나라 왕은 백직이라는 장수를 시켜 포판에서 한나라 군대가 강을 건너는 것을 막게 해.
한나라의 대장이었던 한신은 마치 포판을 공격하는 것처럼 군사를 훈련시켰어. 사실 이 모습은 백직을 속이기 위한 것이었고, 실제로 한신은 비밀리에 다른 곳에서 뗏목으로 강을 건넜지. 그러고는 재빨리 위나라의 왕이 있는 곳을 공격해 위나라 왕을 사로잡아 버려. 포판을 공격하는 것처럼 하고는 실제로는 위나라 왕을 공격하는 작전이었어.

소리장도가 뭐야?

소리장도
笑 裏 藏 刀
웃을 소　속 리　감출 장　칼 도

웃음 속에 칼을 감추고 있다는 뜻입니다. 겉으로는 웃음을 띠면서 친절하고 상냥하게 상대방을 대하지만 실제 마음속으로는 상대방을 해칠 뜻을 가지고 있다는 것을 뜻합니다. 중국의 병법 삼십육계 중 10번째 전략입니다.

엉뚱발랄 남매의 대화

 **잠깐! 똑똑해진 남매의 퀴즈**

'소리장도'처럼 마음에 관련된 다른 말은 뭐가 있을까?

 큰 감동을 받으면 '감개무량'하다고 하잖아.

맞아. 위인전 같은 데 자주 나오는 표현인데 '비분강개'라는 표현도 들어봤어.

 슬프고 분하여 마음이 북받친다는 뜻이지. 또 속담도 하나 생각나는데….

어떤 거?

 '열 길 물속은 알아도 한 길 사람 속은 모른다'.

고사성어 깊이 파헤치기

이의부는 중국 당나라 시절 유명한 간신이었어. 실제로 능력은 나쁘지 않아서 글도 잘 쓰고 업무 능력도 뛰어났다고 해.
그가 임금의 신임을 받게 된 계기는 이래.
당시 당나라의 왕 태종은 자신이 원하던 여인을 황후로 삼고자 했어. 그런데 많은 신하들이 반대를 했지.
하지만 이의부는 적극적으로 왕이 원하는 여인이 황후가 되는 것에 찬성해.
결국 왕이 원하던 대로 이루어졌고 이의부는 더 높은 벼슬을 하게 됐지.
그는 언제나 웃음을 짓고 겸손한 척했지만, 사납고 교활한 마음을 가지고 있었다고 해. 그래서 웃음 속에 칼이 있는 사람이라는 평을 받았어.
결국 부패 행위가 들통나서 유배 중 죽게 돼.

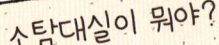

소탐대실
小貪大失
작을 소 탐낼 탐 클 대 잃을 실

작은 것을 탐하다가 큰 것을 잃는다는 뜻입니다. '탐하다'는 어떤 것을 차지하고 싶어서 지나치게 욕심내는 것을 말합니다. 즉 작은 것을 가지려고 지나치게 욕심을 부리다가 큰 손해를 본다는 뜻입니다.

엉뚱발랄 남매의 대화

- 과자 좀 적당히 먹으렴. 좀 있다 밥 먹을 텐데.
- 맛있는 게 있을 땐 일단 많이 먹어 두는 게!
- 와구와구
- 두둥~ 엄마 오늘 고기 먹어요? 어쩜 그리 중요한 이야기를 안 하실 수가 있어요!
- 그러게. 아까 조금만 먹으라고 했잖니.
- 과자 많이 먹어서 이미 배부른데.
- 너한테는 소탐대실이겠지만 나한테는 행운이지. 오랜만에 고기 실컷 먹어야겠다.
- 그건 안 되지~ 배가 터지더라도 고기 먹을 거야. 흥!

 **잠깐! 똑똑해진 남매의 퀴즈**

 '소탐대실'과 비슷한 표현에는 뭐가 있을까?

'교각살우'가 아닐까?

 내가 찾은 속담 중에 '달아나는 노루 보고 얻은 토끼를 놓았다', '쥐 잡으려다가 쌀독 깬다', '한 푼 아끼다 백 냥 잃는다'가 고사성어 '소탐대실'과 같은 뜻인 거 같아.

그러면 '소탐대실'과 반대되는 표현은?

 '망양득우'라고 양을 잃고 소를 얻는다는 표현이 있어.

양 대신 소라. 큰 이익 맞네.

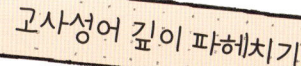 **고사성어 깊이 파헤치기**

중국 촉나라 왕은 욕심이 많았지. 그래서 촉나라를 공격하려던 진나라는 그의 욕심을 이용하기로 해.
커다란 황소를 조각해 그 속에 황금과 비단을 채워서 촉나라에 선물을 하겠다고 소문을 내지. 이 소문을 들은 촉나라의 왕은 신하들이 말리는 것도 뿌리치고 직접 선물을 받으러 갔어.
하지만 선물을 전하러 온 진나라 병사들은 갑자기 공격을 시작했고, 촉나라 왕은 사로잡혀서 결국 촉나라는 멸망하게 돼.
이처럼 작은 선물에 눈이 멀어 나라를 잃은 것을 빗대어 '소탐대실'이라는 말이 생겼어.

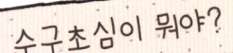

수구초심
首丘初心
머리 **수** 언덕 **구** 처음 **초** 마음 **심**

대부분의 사람들은 자신이 태어난 고향이나 어릴 적 살던 곳을 그리워합니다. 여우가 죽을 때에는 머리를 자기가 살던 언덕, 굴 쪽으로 바르게 하고 죽는다는 뜻으로 고향을 그리워하는 마음을 표현한 말입니다.

엉뚱발랄 남매의 대화

- 왜 외갓집은 시골로 이사를 가셨어요?
- 수구초심이라고, 할아버지께서 고향에서 살고 싶어 하셨으니까.
- 엄마도 나중에 고향으로 가실 거예요?
- 엄마는 그럴 생각이 있기는 한데 도시에서만 살아온 아빠 의사도 물어봐야지.
- 왜?
- 아무래도 힘들 것 같아요. 시골 가면 아무래도 벌레 많을 텐데 아빠는 벌레 무서워하시잖아요.

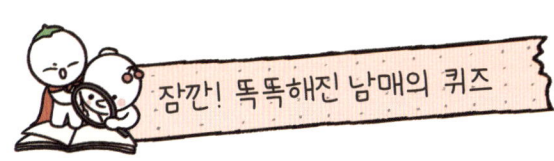 잠깐! 똑똑해진 남매의 퀴즈

'수구초심'의 '초'자는 처음을 뜻해. 처음과 관련되는 고사성어에는 어떤 게 있을까?

처음 들어봤다는 뜻의 '전대미문'이라는 표현이 있어.

그리고 '본말전도'라는 말의 뜻 중 한 가지로 일의 시작과 나중이 바뀐다는 것이 있네.

'금시초문'이라는 표현도 있어. 심지어 '처음 초'자를 사용해.

'천 리 길도 한 걸음부터'라는 속담도 처음의 중요성에 관한 거야.

아, 이제 천 리 길은 KTX로 가는 게 어떨까?

 고사성어 깊이 파헤치기

어느 날 주나라의 문왕이 사냥을 나가서 점을 보았어.
그랬더니 오늘 왕을 도울 중요한 사람을 만난다는 점괘가 나온 거야.
아니나 다를까 위수강변에서 여상이라는 사람을 만났는데, 그가 매우 뛰어난 인물인 거야. 그래서 자신의 신하로 삼아.
예상대로 여상은 은나라를 멸망시키는 데 큰 역할을 해.
그 공으로 제나라의 영구지역을 다스리게 됐지.
하지만 그와 그의 자손들은 꼭 주나라에 돌아와서 장사를 지냈어.
그 모습을 본 당시 사람들은 여우가 죽을 때 머리를 자기가 살던 굴 쪽으로 향하는 것처럼 그렇게 하는 것이 사람의 바른 도리라고 하였지.

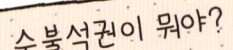

수불석권 手不釋卷

손**수** 아닐**불** 풀**석** 책**권**

손에서 책을 놓지 않는다는 뜻입니다. 손에서 책을 놓지 않고 끊임없이 읽고 생각하는 것을 말합니다. 즉 쉴 틈 없이 열심히 공부하는 모습을 나타낸 말입니다.

엉뚱발랄 남매의 대화

- 수불석권이라는 말은 요즘은 좀 달라져야 할 거 같아.
- 아니 왜?
- 요즘엔 휴대폰으로 인터넷 강의 많이 보니까 휴대폰을 손에서 놓지 않는 경우가 많잖아. 그러니 수불석폰이라고 바꾸어야 할지도.
- 맞는 말이긴 한데, 공부 못하는 사람들의 착각이 인터넷 강의 한 번 보면 공부 다 했다고 생각하는 거라고 하더라고.
- 그래? 그럼 어차피 다시 복습해야 하니 수불석폰+수불석권이 되어야겠네. 더 힘들겠다.
- 근데 폰으로 인터넷 강의만 보는지는 아무도 모르지~

 **잠깐! 똑똑해진 남매의 퀴즈**

책 읽는 것에 관한 표현에는 어떤 것이 있을까?

 '독서삼도'라는 것이 있더라고.

그게 뭔데?

 독서를 하는 방법인데 입으로 다른 말 하지 않고, 눈으로 다른 것 보지 않고, 마음을 가다듬고 읽어야 한다는 뜻이래. 쉽게 말해서 집중해서 책 읽으라는 거야.

쉬운 듯 어렵네. 우리나라 속담 중에 '사흘 책을 안 읽으면 머리에 곰팡이가 슨다'는 표현도 있더라고.

 어휴, 그런 일이 실제로 일어나면 머리가 온통 곰팡이투성이겠네. 상상하니까 소름 끼친다.

고사성어 깊이 파헤치기

중국 삼국시대 오나라에는 여몽이라는 용맹한 장수가 있었어.
오나라의 황제 손권은 배움이 부족한 여몽에게 공부를 하라고 권해.
처음에는 여몽이 책을 읽을 시간이 없다며 주저했어.
그러자 손권은 후한의 광무제는 바쁜 가운데서도 손에서 책을 놓지 않았고, 위나라의 조조도 늙어서도 배움을 좋아했다며 설득해.
이에 여몽은 싸움터에서도 학문에 힘쓰게 되고, 문무를 겸비한 장수가 되었지.

수어지고가 뭐야?

수어지교
水 魚 之 交
물 수 물고기 어 갈 지 사귈 교

물과 물고기의 사귐이라는 뜻입니다. 물고기는 물을 떠나서는 살 수가 없는 존재입니다. 이처럼 물과 물고기처럼 떨어질 수 없는 아주 친한 사이를 일컫는 말입니다.

엉뚱발랄 남매의 대화

 **잠깐! 똑똑해진 남매의 퀴즈**

'수어지교'처럼 절친한 사이를 표현한 말에는 뭐가 있을까?

 '막역지우'나 '관포지교'.

'여형약제'라고 친하기가 형제 같다는 뜻의 표현도 있다고 하네.

 형제는 맞을 수도. 하지만 남매는 아닐 듯.

흐흐흐~ 현실남매들이라면 모두 공감하는 말일세.

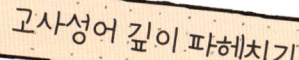 

촉나라 황제 유비는 삼고초려를 통해 제갈량이라는 뛰어난 책사를 구하게 돼. 유비와 제갈량은 서로를 존경하여 날이 갈수록 친밀해졌지.
이에 유비의 의형제였던 관우와 장비가 불평을 하게 돼.
이 이야기를 들은 유비는 두 의형제를 불러서, 자신과 제갈량의 관계는 물과 고기의 관계라 칭하며 타일러.
이후 관우와 장비는 다시는 불평하지 않았다고 해.

순망치한이 뭐야?

순망치한
脣亡齒寒
입술 순 망할 망 이 치 찰 한

입술을 잃으면 즉 입술이 없으면 이가 시리다는 말입니다. 많은 신체 구조가 그렇겠지만 입술과 이 중 어느 것 하나가 다치기만 해도 매우 불편할 것입니다. 이처럼 서로 떨어질 수 없는 밀접한 관계를 일컫는 말입니다.

엉뚱발랄 남매의 대화

 **잠깐! 똑똑해진 남매의 퀴즈**

 '순망치한'처럼 둘 사이의 관계를 나타내는 표현은 뭐가 있을까?

'표리일체'.

 어떤 뜻인데?

둘의 관계가 밀접해서 뗄 수 없음을 뜻해. 겉과 속이 일치한다는 뜻도 있고.

 속담 쪽에도 재미있는 표현들이 있는 거 같아.

'구름 갈 제 비가 간다', '실 가는 데 바늘도 간다'도 가까운 사이를 뜻하는 표현이네.

 **고사성어 깊이 파헤치기**

진나라 헌공은 괵나라를 공격하려고 했어.
그러려면 꼭 거쳐가야 하는 나라인 우나라에 통과를 하게 해 달라고 했지.
우나라의 신하였던 궁지기는 우나라의 왕에게 "괵나라와 우나라는 한 몸이나 다름없고, 입술이 없어지면 이가 시리다고 했습니다. 길을 열어 주면 안 됩니다."라고 해.
하지만 우나라 왕은 궁지기의 말을 듣지 않았어.
궁지기는 우나라를 바로 떠나 버렸고, 우나라는 궁지기의 예언대로 진나라의 공격을 당해서 망해 버려.

암중모색이 뭐야?

암중모색
暗中摸索
어두울 암 가운데 **중** 본뜰 **모** 찾을 **색**

어둠 가운데에서 무언가를 열심히 찾는다는 뜻입니다. 어둠 속에서 눈이 보일 리가 없으니 더듬어서 찾는 것을 말하는데, 어림짐작으로 무엇을 추측하거나 해결 방안을 막연한 상태에서 찾으려고 하는 것을 말합니다.

엉뚱발랄 남매의 대화

시험 시간 다 끝나가는데 왜 그러고 있니?

흠~

암중모색 중입니다.

음, 모르는 문제 찍는다는 이야기구나. 너에게 행운이 있기를!

# 잠깐! 똑똑해진 남매의 퀴즈

'암중모색'처럼 어림짐작으로 무엇을 찾는다는 뜻의
다른 표현은 뭐가 있을까?

 '장님 파밭 들어가듯'이라는 속담이 있어.

무슨 뜻이야?

 무엇인지도 모르고 한 일이 일을 망쳐 버리는 경우나
대강 짐작하는 것도 없이 마구 찾아 헤매는 경우를 비유하는 말이래.

그렇구나. 그럴 때는 정말 한 치 앞이 어둠일 것 같아.

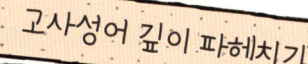 

고사성어 깊이 파헤치기

당나라 때 허경종이란 학자가 있었어.
대대로 명문가에 후에 재상까지 지낸 뛰어난 인물이었지.
하지만 그에게는 치명적인 약점이 있었으니 바로 건망증이었어.
특히 사람 얼굴을 잘 기억하지 못했대.
하루는 그의 친구가 건망증이 심한 것을 놀리자 그가 이렇게 대답해.
"자네처럼 평범한 사람들의 얼굴이야 기억하기 어렵지만 하손, 유요작 같은 대단한 문장가들을 만나면 어둠 속에서라도 더듬어 찾아 기억할 수 있소."

양두구육이 뭐야?

양두구육
羊頭狗肉
양 양　**머리** 두　**개** 구　**고기** 육

양머리를 걸어 놓고는 개고기를 판다는 뜻입니다. 겉으로는 비싼 양고기를 파는 것처럼 하지만 실제로는 저렴한 개고기를 팔았다는 거지요. 이처럼 겉으로는 그럴싸하지만 실속은 없는 것을 말합니다.

엉뚱발랄 남매의 대화

잠깐! 똑똑해진 남매의 퀴즈

 '양두구육'과 비슷한 뜻의 고사성어는 뭐가 있을까?

'양두마육', '표리부동', '명불부실'이 있어.

 그러면 반대되는 뜻에는 뭐가 있을까?

'명실상부', '명불허전'이 있지.

 나에겐 '양두구육'보다는 '명불허전'이 잘 어울리는 것 같아.

어이쿠~ 너한테 어울리는 양두구육과 비슷한 말이 또 있네.
'허장성세' 말이야.

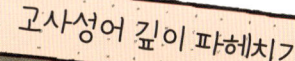
고사성어 깊이 파헤치기

제나라의 영공은 여인들이 남장하는 것을 보기 좋아했어.
그의 특이한 취미가 소문나자 온 나라의 여자들이 남자 옷을 입기 시작했지.
이를 들은 영공은 남장을 금지시켰지만 지켜지지 않았어.
영공이 유명한 학자였던 안자에게 금지령이 지켜지지 않는 이유를 묻자 안자는 이렇게 대답했지.
"군주께서는 궁궐 안에서는 남장을 허락하시면서 궁궐 밖에서는 남장을 못하게 하십니다. 이는 소머리를 걸어놓고 말고기를 파시는 것과 같습니다. 궁궐에서도 못하게 하시지요."
영공이 궁궐에서도 남장을 금지시키자 전국에 남장하는 여인이 없어졌어. 처음의 소머리, 말고기가 이후에 양머리, 개고기로 변하면서 지금과 같은 고사성어가 만들어진 거야.

양약고구가 뭐야?

양약고구
良 藥 苦 口
어질 **양**　약 **약**　쓸 **고**　입 **구**

좋은 약은 입에 쓰다는 뜻을 가진 말입니다. 듣기 좋은 말은 듣기는 좋지만 이롭지 않고, 좋은 충고는 귀에는 거슬리지만 행동에는 이로운 법입니다. 간단히 말해 좋은 충고는 귀에 거북하다는 뜻입니다.

엉뚱발랄 남매의 대화

"어제는 부모님, 오늘은 선생님. 요즘 계속 꾸중을 듣네."

"기죽지 마. 양약고구라잖아. 좋은 뜻으로 해 주신 걸 거야."

"그렇지. 그럼 가자."

"어딜?"

"원래 쓴 약 먹으면 사탕 먹잖아. 쓴 이야기 많이 들었으니까 맛있는 거 먹어야지. 네가 내는 거다!"

"야야, 그런 게 어디 있어?"

잠깐! 똑똑해진 남매의 퀴즈

 귀와 관련 있는 고사성어 문제를 내 볼게.
좋은 충고는 귀에 거슬린다는 뜻의 고사성어는?

'역이지언'.

 오, 그럼 속담 중에 '귀에 걸면 귀걸이 코에 걸면 코걸이'라는 표현과 같은 뜻을 가진 말은?

'이현령비현령'이지. 발음이 어렵다.

 그럼 마지막, 남의 말을 귀담아듣지 않고 흘린다는 뜻인데 말 귀에 봄바람이 스쳐간다는 의미를 가진 고사성어는?

'마이동풍'.

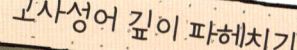

진의 시황제가 죽자 진나라를 차지하기 위해 많은 사람들이 군사를 일으켰어.
그중에서 한나라를 세운 유방이 가장 먼저 진나라의 수도를 차지했지.
기분이 좋아진 유방은 궁궐에 머물려고 했어.
하지만 용장 번쾌가 아직 전쟁이 끝나지 않았으니 궁궐을 떠나서 군사를 정비하자고 했대.
유방은 그 말을 듣지 않았지.
이번에는 군사였던 장량이 다시 한번 궁궐을 떠나자며 이렇게 말해.
"충성스러운 말은 귀에 거슬리나 행동에 이롭고, 독한 약은 입에 쓰나 병에 이롭습니다."
이 말을 들은 유방은 궁궐을 떠나 다른 곳에 진을 치게 돼.

어부지리가 뭐야?

어부지리
漁夫之利
고기 잡을 **어** 지아비 **부** 갈 **지** 이로울 **리**

어부의 이익이라는 뜻입니다. 이 어부는 어떻게 이익을 얻었을까요? 다른 둘의 다툼에서 이익을 얻은 것입니다. 즉 두 사람 사이의 다툼에서 제삼자가 이익을 얻는 것을 말합니다.

엉뚱발랄 남매의 대화

 **잠깐! 똑똑해진 남매의 퀴즈**

'어부지리'처럼 제삼자가 이익을 얻는다는 뜻을 가진 표현에는 뭐가 있을까?

 방합(조개의 일종)과 도요새가 다투어서 어부가 이익을 얻었다는 뜻의 '방휼지쟁'이 있겠네.

개와 토끼가 다투다가 결국 지쳐서 둘 다 농부에게 잡혀갔다는 뜻을 가진 '견토지쟁'도 있어.

 그러면 어부지리와 반대로 제삼자가 피해를 입는다는 표현은 없어?

우리 속담에 '고래 싸움에 새우 등 터진다'가 있지.

 이번 표현에는 모두 동물이 등장하네.

 **고사성어 깊이 파헤치기**

조나라가 연나라를 치려 하자 소대는 조나라 왕을 이렇게 설득해.
"제가 이곳으로 오다 강을 건넜습니다. 한 조개가 입을 벌리고 햇볕을 쪼이고 있었는데 황새가 조갯살을 먹으려고 하자 조개가 입을 오므렸습니다. 그래서 황새는 주둥이를 물리고 말았습니다. 황새는 비만 오지 않으면 조개는 죽게 될 것이라 하고, 조개는 입만 벌려 주지 않으면 황새는 죽게 될 것이라고 하며 서로 버티고 있었습니다. 그때 어부가 이 광경을 보고 황새와 조개를 한 번에 잡고 말았습니다. 지금 조나라가 연나라를 치게 된다면 강한 진나라가 어부가 될 것입니다."
이 말을 들은 조나라 왕은 옳은 말이라며 연나라 공격 계획을 중지했대.

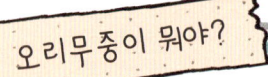

오리무중
五 里 霧 中
다섯 오 마을 리 안개 무 가운데 중

오 리, 지금으로 생각하면 2km 정도입니다. 사방 2km의 짙은 안개 속에 있다는 뜻입니다. 안개가 깊으면 길 찾기가 무척 어렵습니다. 그처럼 어떤 일에 대하여 명확한 판단을 내릴 수 없을 때 사용하는 말입니다.

 **잠깐! 똑똑해진 남매의 퀴즈**

'오리무중'처럼 안개와 관련된 다른 고사성어는 어떤 것이 있을까?

'동서불변'이라는 말이 있다고 하네.

어떤 뜻인데?

안개 따위가 짙어서 주위를 잘 구분하기 어렵다는 뜻이래. '오리무중'과 비슷한 뜻인 거 같아.

속담에는 없을까?

속담에도 '안개 낀 날 소 찾듯'이라는 표현이 있는데, 막연하게 찾아 헤매고 다니는 모습을 말한대.

그것도 오리무중과 좀 비슷한 거 같아. 안개 낀 날이 좀 답답한 건 사실이긴 하지.

 **고사성어 깊이 파헤치기**

한나라의 장패는 유명한 학자였어. 그는 세력가들과 친하게 지내기보다는 고고한 삶을 살았지. 그의 아들 장해도 마찬가지였어. 제자가 100명이나 되고 이름난 학자들, 세력가들이 가까이 지내려 애썼지만 그도 아버지와 마찬가지로 그러한 사람들과 섞이기 싫어서 시골에 들어가 숨어 살았어. 조정에서도 그를 맞이하려 했지만 끝내 벼슬길에 나아가지 않았대.

장해는 도술에도 능했는데 오 리에 걸쳐 안개를 만드는 것으로 유명했지.

오 리에 걸친 안개에 자취를 감추고 만나 주지 않는다 하여 '오리무중'이라는 말이 생겼대.

오매불망이 뭐야?

오매불망
寤寐不忘
잠 깰 오   잘 매   아닐 불   잊을 망

자나 깨나 잊을 수가 없다는 뜻입니다. 그런 경우가 어떨 때일까요? 너무 그리워하는 사람이 있어서 잠들지 못할 때 혹은 걱정이나 생각이 많아 잠 못 들 때가 있겠지요. 그런 모습을 비유하는 말입니다.

엉뚱발랄 남매의 대화

> 짜잔~ 3D 프린터 체험 가서 나를 모델로 피규어 만들었었거든. 오매불망 기다렸는데 드디어 왔어.

> 너랑 비슷하긴 한데, 뭔가 좀...

> 사장님이 보정 많이 해 주셨어.

> 어쩐지 딴 사람 같더라.

> 흥, 그 정도는 아니다 뭐!

잠깐! 똑똑해진 남매의 퀴즈

 '오매불망'처럼 잠과 관련된 표현이 있을까?

응, '오매불망'과 같은 시에 표현된 '전전반측'이 있지. 비슷한 뜻이야.

 그렇게 잠을 못 자면 잠이 깬 것도 아니고 안 깬 것도 아닌 '비몽사몽'한 상태가 되지.

또 '침불안석'이라고 걱정이 많아서 편안히 자지 못한다는 표현도 있어. 잠 못 자면 정말 힘든데…

 그래도 사랑하는 사람이 그리워 잠 못 드는 건 한 번쯤 해 보고 싶네. 헤헤~

고사성어 깊이 파헤치기

〈시경〉 첫머리에 실려 있는 관저라는 시에서 유래가 되었어.

들쭉날쭉 행채풀, 여기저기 구하고,
아리따운 아가씨, 자나 깨나 찾네.
구해 봐도 못 구하여, 자나 깨나 생각하니,
막연하기도 하여라, 이리저리 뒤척거리네.

남녀간의 아름다운 사랑을 노래한 시야. 그리워서 잠 못 이루는 표현이 잘 나타나 있지. 이 시는 '오매불망'뿐만 아니라 '전전반측'의 유래가 되기도 했어.

오합지중이 뭐야?

오합지중
烏合之衆
까마귀 **오** 합할 **합** 갈 **지** 무리 **중**

까마귀를 모아 놓은 것 같은 무리라는 뜻입니다. 새들이 모여 있을 때 보면 정리가 되지 않고, 각자 적당한 나뭇가지에 앉아 있는 모습을 볼 수 있습니다. 이처럼 단결이 안 되는 집단이나 훈련이 안 된 병사들을 가리킬 때 사용됩니다.

엉뚱발랄 남매의 대화

〈축구 경기 전〉

"패스하는 걸 보니 딱 봐도 오합지중이네."

"야, 그래도 방심하지마."

"걱정하지 마셔. 반드시 이겨 줄게."

〈축구 경기 후〉

"오합지중이라며 왜 또 졌어?"

"패스하는 거 봐서는 오합지중인데, 개인기가 뛰어난 애들이 많네. 사람은 역시 쉽게 판단해선 안 되나 봐."

 **잠깐! 똑똑해진 남매의 퀴즈**

'오합지중'처럼 까마귀와 관련된 표현에는 뭐가 있을까?

 '반포지효', '오비이락' 등이 있지.

'반포지효'는 알겠는데 '오비이락'은 무슨 뜻인지 잘 기억이 안 나네.

 '까마귀 날자 배 떨어진다'는 뜻이야.
아무 관계도 없는데 때가 같아 억울하게 의심 받는 걸 말해.
그리고 너처럼 기억을 잘 못할 때 '까마귀 고기를 먹었나'라는 표현을 쓰지.

칫, 넌 까마귀와 사촌인 주제에…

 야! 그 정도로 안 씻지는 않아. 흥~

 **고사성어 깊이 파헤치기**

중국 전한 말기 왕랑이라는 자가 한단에 도읍을 세워.
이에 유수라는 장군이 왕랑을 공격하려 해. 상곡의 태수였던 경황은 아들 경엄에게 유수를 도우라고 하지.
이 이야기를 들은 경엄의 부하 손창과 위포는 왕랑을 도와야 한다고 주장해.
그러자 경엄은 "왕랑은 한낱 도적일 뿐이다. 내가 장안의 군대와 힘을 합치면 그 따위 오합지중은 썩은 나뭇가지보다 힘없이 꺾일 것이다."라고 하며 화를 내.
하지만 결국 손창과 위포는 왕랑에게 도망갔어. 그리고 유수의 부대에 합류한 경엄은 왕랑군을 물리치고 큰 공을 세웠지.

와신상담이 뭐야?

와신상담
臥 薪 嘗 膽
누울 **와**　섶 **신**　맛볼 **상**　쓸개 **담**

섶나무는 불을 때는 데 쓰는 재료가 되는 나무, 즉 땔나무를 이야기해요. 편안한 잠자리를 포기하고 땔나무 위에서 잠을 자고, 또 쓰디쓴 쓸개를 맛보면서 복수를 하기 위해 의지를 다지는 것을 말합니다. 즉 목표를 이루기 위해 온갖 힘든 일을 견뎌내는 것을 말합니다.

엉뚱발랄 남매의 대화

- 이 어려움을 버텨서 꼭 이겨내고 말거야!
- 그냥 선풍기 켜지 그래?
- 아니야. 버텨낼 거야.
- 이 더운데 선풍기도 안 켜고 공부하는 게 무슨 와신상담이야. 내 쪽으로만 선풍기 좀 켜야겠다. 아 시원하다~
- 으으으~ 졌다. 나도 바람 좀...
- 그럴 줄 알았다!

잠깐! 똑똑해진 남매의 퀴즈

 '와신상담'처럼 원수나 복수에 관한 표현에는 어떤 게 있을까?

'철천지원수'나 '불구대천' 같은 표현이 있어.

 듣기만 해도 한이 서려 있는 느낌이야. 그런 거 말고 원수랑 관련된 난처한 상황을 나타내는 표현들도 좀 있는 것 같은데.

'원수는 외나무다리에서 만난다'라는 속담이 있지. 그리고 원수가 같은 배를 탔으나 풍랑을 만나 서로 힘을 합쳐야 하는 상황을 뜻하는 '오월동주' 같은 표현도 있어.

 속담 중에 또 재미있는 표현이 있네. 입 조심하라는 뜻의 '입이 원수'라는 표현 말이지.

근데 그걸 왜 나 보면서 실실 웃으면서 말하지?

 글쎄….

고사성어 깊이 파헤치기

중국 춘추전국시대의 부차와 구천에 얽힌 이야기야.
중국 오나라의 왕인 합려는 월나라를 공격했다가 목숨을 잃어.
그리고 그의 아들 부차에게 원수를 갚아달라고 해.
부차는 아침저녁으로 가시 많은 나무 위에 누워 잠을 자며 복수를 맹세했지.
그리고 복수에 성공하여 구천의 항복을 받아내.
용서해 준 부차 덕분에 자신의 나라로 돌아온 구천은 항상 쓸개를 매달아 두고
쳐다보며 음식을 먹을 때도 쓸개를 맛보며 복수를 다짐했다고 해.
결국 오나라를 공격하여 부차를 굴복시킨 구천이 최후의 승자가 돼.

용두사미가 뭐야?

용두사미
龍頭蛇尾
용 **용** 머리 **두** 긴 뱀 **사** 꼬리 **미**

용의 머리에 뱀의 꼬리를 가진 상상의 동물을 말하는 것일까요? 그런 건 아닙니다. 용의 머리처럼 멋지게 시작했지만 뱀의 꼬리처럼 시시하게 끝나는 것을 말합니다. 즉 시작은 매우 훌륭하지만 마무리가 흐지부지되는 경우를 말하는 것이지요.

엉뚱발랄 남매의 대화

지금부터 방을 깨끗하게 정리할 거야.

그냥 조금씩 하지 전부 다 꺼내 놓으면 어떻게 해?

아니야. 한 번씩은 이렇게 해야 깨끗해지지.

(한참 후)

일을 너무 크게 벌렸나 봐. 힘들어서 더 못 치우겠다.

그러게 조금씩만 치우지 완전 용두사미잖아. 아닌가. 더 지저분해 진 것 같으니 꼬리가 아예 없는 거라고 해야하나?

 **잠깐! 똑똑해진 남매의 퀴즈**

 용과 관련된 표현에는 뭐가 있을까?

나처럼 아직은 세상에 나오지 않은 인재를 뜻하는 '와룡봉추'라는 표현이 있지.

 그런 인재가 출세를 하게 되면 '등용문'이라고 표현하지.
하지만 이렇게 좋은 표현만 있는 건 아닌 것 같아.

'용이 못 된 이무기'라는 표현은 남에게 피해만 끼치는 사람을 뜻하기도 해.

 '구슬 없는 용'은 쓸모없는 처지를 가리키기도 하지.
그럼 '용이 물을 잃은 듯'이라는 표현은 어떤 뜻일까?

물에 사는 용이 물을 잃었다면 무척 살기 힘든 상황이라는 뜻이겠네.

 응, 맞아.

 **고사성어 깊이 파헤치기**

용흥사에는 진존숙이라는 큰스님이 있었어.
어느 날 그는 절을 찾아온 낯선 스님과 선문답을 주고받게 됐지.
선문답은 불교에서 서로 깨달음에 대해 묻고 답하는 것을 말해.
하지만 선문답을 하려 하자 상대방이 "으악!" 하고 소리를 치는 게 아니겠어?
제법 수양을 쌓은 승려인가 했는데 다시 한번 큰소리를 치지 뭐야.
진존숙 스님은 약간 의심이 들었어. 뭔가 어설픈 느낌이 들었거든.
'용의 머리에 뱀의 꼬리가 아닐까.' 하고 생각을 했지.
그래서 다시 물어. "소리를 치는 건 좋은데 이제 마무리를 하시지요."
이 말에 승려는 슬그머니 자리를 피하고 말았대.

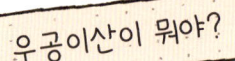

우공이산
愚公移山
어리석을 우 공평할 공 옮길 이 메 산

우공이 산을 옮긴다는 뜻입니다. 한 사람이 산을 옮기는 것은 각종 중장비를 동원해도 불가능한 일이겠지요. 하지만 우공이라는 사람은 포기하지 않고 계속한 끝에 마침내 산을 옮기게 되었습니다. 비록 어리석어 보일지라도 한 가지 일을 끝까지 열심히 한다면 큰일을 이룰 수 있다는 뜻을 가진 말입니다.

엉뚱발랄 남매의 대화

- 윤희 언니 정말 대단한 것 같아.
- 왜?
- 학교 도서관에 있는 책을 전부 다 읽었대.
- 이 많은 책을 어떻게? 그게 진짜 가능해?
- 우공이산의 마음으로 꾸준히 읽었더니 다 읽었다고 하더라고.
- 진짜 대단하다. 난 우공이산의 마음으로 읽어도 그림책도 다 못 읽을 것 같은데.

 **잠깐! 똑똑해진 남매의 퀴즈**

'우공이산'처럼 노력에 관한 표현이 또 있을까?

 기억이 잘 안 나.

'정신일도 하사불성', 정신을 집중해서 노력하면 성공할 수 있으니 정신을 집중해서 생각해 보렴.

 표현이 좀 과한 듯한데, 일곱 번 넘어져도 여덟 번 일어나는 '칠전팔기'의 마음으로 생각해 볼게.

우리나라 속담에 '옥도 갈아야 빛이 난다'는 표현도 있잖아. 어떤 일이든 노력이 중요한 거지.

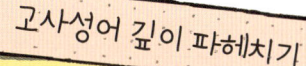 **고사성어 깊이 파헤치기**

중국 북산이라는 곳에 우공이라는 노인이 살았어.
그의 집은 큰 두 개의 산 때문에 무척 먼 거리를 돌아가야 하는 불편한 위치에 있었지.
그래서 자식들과 논의해서 산을 옮기기로 했어.
산에서 흙을 파다가 바다에 가서 버리는 데 왕복 1년이 걸렸대.
그 모습을 보고 그의 친구가 우공을 말렸어.
하지만 그는 내가 못 하더라도 자식의 자식이 대를 이어 산을 옮기다 보면 언젠가는 평평해지지 않겠냐면서 계속해서 그 일을 했지.
이 모습을 가상히 여긴 옥황상제가 우공의 집을 가로막고 있는 두 개의 산을 옮겨 주었대.

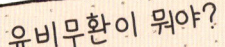

유비무환
有 備 無 患
있을 **유** 갖출 **비** 없을 **무** 근심 **환**

평소에 준비를 잘하고 있으면 근심 걱정이 없다는 뜻입니다. 평소에 틈틈이 준비한다면 갑자기 시험을 보게 된다고 해도 별로 걱정이 되지 않겠지요.

엉뚱발랄 남매의 대화

- 어쩌지? 내일 학원 레벨 평가야...
- 나처럼 미리미리 준비해야지. 유비무환도 모르니?
- 완벽하게 준비해 놓았으니 문제를 내 보렴.
- 무슨 문제를 낼까?
- 야, 여기 평가 범위 아니잖아!
- 무슨 소리야! 이번 평가 4단원인데.
- 아, 망했다. 3단원인 줄 알고 3단원만 준비했는데...

 **잠깐! 똑똑해진 남매의 퀴즈**

'유비무환'과 비슷한 표현이 뭐가 있을까?

 '거안사위'라는 표현이 있어.
편안할 때도 위태로울 때의 일을 생각하라는 뜻이야.

속담 중에 '넘어지기 전에 지팡이 짚다'도 비슷한 뜻이네.

 그럼 반대되는 표현은 없을까?

'사후약방문'이라는 표현도 있고, '소 잃고 외양간 고친다'는 표현도 있어.

 뭐든지 후회 가득한 표현이네.

고사성어 깊이 파헤치기

춘추시대 진나라의 도공에게는 사마위강이라는 훌륭한 신하가 있었는데, 그는 엄격하게 법을 적용하는 것으로 유명했어.
법을 바로 세우기 위해 도공의 동생에게도 벌을 내리는 사람이었지.
또 사마위강이 살던 때는 주위 여러 나라에 다툼이 끊이지 않던 시기였는데 그는 이 위기를 잘 헤쳐 나갔어.
한 번은 다른 나라에서 보내온 선물을 도공이 사마위강에게 주려고 하자 사마위강이 편안할 때 위기를 생각하고 대비하시면 근심이 사라진다고 하며 거절했다고 해.

유유상종이 뭐야?

유유상종
類 類 相 從
무리 **유**   무리 **유**   서로 **상**   좇을 **종**

같은 무리끼리 서로를 좇는다는 뜻입니다. 비슷한 생각이나 가치관을 가진 사람들이 서로 모인다는 뜻이지요. 요즘은 긍정적인 느낌보다는 부정적인 느낌으로 많이 사용합니다.

엉뚱발랄 남매의 대화

 잠깐! 똑똑해진 남매의 퀴즈

'유유상종'과 비슷한 의미로 사용되는 표현이 뭐가 있을까?

 아무래도 '초록동색'이 대표적이지 않을까?

속담 중에서도 본 거 같은데….

 '가재는 게 편이다'.

축구 좋아하는 우리가 얼굴 까만 친구들끼리 모이는 것도 비슷하겠다.

 애매하네. 다른 운동 좋아하는 친구들 중에서도 얼굴이 까맣게 탄 친구들이 많아서 말이지.

고사성어 깊이 파헤치기

중국 제나라의 선왕이 순우곤이라는 신하에게 지방에 흩어져 있는 인재를 모아 오라는 명을 내려.
며칠 뒤 순우곤은 일곱 명의 인재를 데리고 나타나지.
놀란 왕이 "귀한 인재를 일곱이나 데려오다니 너무 많지 않는가?" 하고 물어.
그러자 순우곤은 같은 종의 새가 무리지어 살듯이 인재도 끼리끼리 모인다고 답했다고 해.

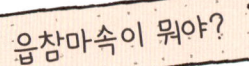

읍참마속
泣斬馬謖
울 읍 벨 참 말 마 일어날 속

울면서 마속을 벤다는 뜻입니다. 마속은 사람의 이름입니다. 제갈량이 군대의 규율을 지키기 위해 자신이 아꼈던 마속을 처형한 것을 의미하는 것이지요. 개인적인 감정보다는 법을 지켜 공정한 업무 처리를 하는 것을 말합니다.

엉뚱발랄 남매의 대화

- 한 번만 봐 주라~
- 안 돼! 그럴 수는 없어. 읍참마속의 마음으로 네가 숙제 제대로 안 한 걸 말씀드려야겠어.
- 근데 네가 웃음을 참고 있는 것처럼 보이는 건 내 착각이지? 그치? 말해봐, 얼른!
- 망했다~ 너 진짜 너무 하네!

 '읍참마속'처럼 법이나 규칙과 관련된 표현에는 어떤 게 있을까?

'일벌백계'라는 고사성어가 있어.

 어떤 뜻이야?

한 사람을 벌줌으로써 다른 사람들에게 주의를 준다는 뜻이야.
또 상과 벌을 정확히 한다는 뜻의 '신상필벌'도 있어.

 그런 게 중요한 거 같기는 해.
그렇지 않으면 '무법천지'가 될 거니까 말이야.

고사성어 깊이 파헤치기

제갈량의 후계자는 강유로 알려져 있어.
강유 이전에 제갈량이 후계자로 삼으려고 했던 사람 중 한 명은 마속이야.
그만큼 마음에 들어 했었지.
하지만 촉나라 황제 유비는 마속을 그리 마음에 들어 하지 않았어.
심지어 유언에서까지 마속을 크게 쓰지 말라고 했지만 제갈량은 여전히 마속을 아꼈고, 원정군의 대장으로 임명했어.
결국 마속은 제갈량의 지시를 어기고 제멋대로 싸우다가 대패해.
이에 제갈량은 마속을 아끼는 마음을 뒤로하고 군법에 따라 마속을 처형했지.

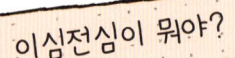
이심전심이 뭐야?

이심전심
以心傳心
써 이 마음 심 전할 전 마음 심

마음에서 마음으로 전한다는 뜻입니다. 불교 용어에서 유래가 되었습니다. 마음과 마음이 서로 통하여 굳이 말을 하지 않아도 그 뜻이 전달되는 것을 말합니다.

엉뚱발랄 남매의 대화

얘들아~아빠가 치킨 사 왔다!

오, 이심전심이라고 우리가 치킨 먹고 싶어 하는 거 어떻게 아셨어요?

얘들아~엄마가 치킨 사 왔다!

헐, 엄마도요? 이건 너무 많은데...

그러게, 마음이 너무 잘 통해도 문제네.

 **잠깐! 똑똑해진 남매의 퀴즈**

 고사성어 중에는 '이심전심'처럼 불교에서 유래된 것도 있어. 왜일까?

중국이나 우리나라에서 불교가 융성했기 때문이겠지.

 그럼 불교에서 유래된 다른 고사성어로는 어떤 게 있을까?

'무진장', '생로병사', '자업자득', '선남선녀'가 있어.

 꽤 많은데 종교에서 시작된 말이니 지금이랑 뜻이 좀 달라졌을 수도 있겠다.

응, 맞아. 우리같이 착한 사람을 뜻하는 선남선녀도 원래 불교에 귀의하거나 덕을 쌓은 사람을 뜻하는 말이었대.

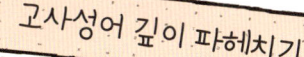 **고사성어 깊이 파헤치기**

석가모니에 관한 일화야.
어느 날 석가모니가 제자들을 모아두고 함께 이야기를 나누는 중이었어.
그때 하늘에서 꽃비가 내렸대.
석가모니는 꽃잎 하나를 집어 들어 약간 비틀어 보였어.
대부분의 제자들은 석가모니의 행동에 어리둥절했지만 가섭만은 그 뜻을 이해하고 빙그레 웃었어.
그제야 석가모니도 빙그레 웃으며 "나에게 마음으로 전하는 진리가 있으니 네가 그것을 받도록 하여라."라고 말했다고 해.

이호경식이 뭐야?

이호경식
二 虎 競 食
두 이   범 호   다툴 경   밥 식

두 마리의 호랑이가 먹이를 놓고 다툰다는 뜻입니다. 두 마리의 호랑이가 서로 싸우게 만들어 자신이 이익을 얻는 계략을 말하는 것입니다. 즉 자신과 관련된 두 사람이나 세력 등이 다투게 하여 그 사이에서 어떤 이익을 얻는 계획을 말합니다.

엉뚱발랄 남매의 대화

- 20번 채널 볼 거야.
- 안 돼! 이따 30번 채널 봐야 한다니까!
- 근데 아빠는 몇 번 보실 거예요?
- 아빠는 너희들 다투는 틈에 보고 싶은 거 잘 보고 있는데?
- 어, 우리 지금 이호경식의 계책에 당한 건가?
- 거기서 다툴 거면 계속 다투고 텔레비전 볼 거면 아빠와 조용히 야구 보도록 해.
- 결정권도 없는데 우리 왜 다투고 있었던 거지?

 잠깐! 똑똑해진 남매의 퀴즈

'이호경식'의 '경'자는 다툰다는 뜻이야. 이 글자가 사용된 한자어에는 어떤 것이 있을까?

경쟁, 경기 등이 있어.

그럼 이 '경'자를 사용하는 고사성어는 뭐가 있을까?

'촌음시경'.

어떤 뜻이야?

한 자 되는 구슬보다도 잠깐의 시간이 더 소중하니 시간을 아끼라는 뜻이야.

고사성어 깊이 파헤치기

삼국시대에 조조는 유비와 여포가 힘을 합쳐 자신에게 대항하는 것을 막고 싶어 했어.
그 뜻을 이해한 조조의 참모 순욱은 이호경식의 계략을 제안했지.
유비와 여포가 서로 싸우게 만들어 힘을 약하게 만들려는 계략이었어.
조조는 유비를 서주목에 부임시키면서 여포를 처치하라고 몰래 편지를 보내.
하지만 유비는 여포에게 조조의 편지를 보여 주면서 그럴 일 없다고 안심시켜 돌려보냈내.

일거양득이 뭐야?

일거양득
一 擧 兩 得
한 **일**   들 **거**   두 **양**   얻을 **득**

하나를 들면 두 개를 얻을 수 있다는 의미입니다. 한 가지 일을 하면 동시에 두 가지의 이익을 얻을 수 있다는 뜻이지요.

엉뚱발랄 남매의 대화

확실히 영화관 오면 일거양득인 거 같아.

왜?

영화관 오면 영화도 보고 팝콘도 먹고 일거양득이잖아.

음, 그렇게 따지면 일거삼득이라고 해야 맞겠는데? 물론 일거삼득이라는 말은 없지만.

왜?

내가 좋아하는 탄산음료도 마실 수 있으니 말이야!

 **잠깐! 똑똑해진 남매의 퀴즈**

'일거양득'과 비슷한 표현이 꽤 있는 거 같아. 하나씩 말하기 해 보자.

 '일석이조'.

'굿 보고 떡 먹기'.

 '꿩 먹고 알 먹기'.

'도랑 치고 가재 잡는다'.

 이럴 줄 알았어. 내가 졌다!

고사성어 깊이 파헤치기

옛날 중국에 변장자라는 사람이 있었어. 힘이 무척 센 사람이었지.
어느 날 변장자가 여관에 묵었는데 밖에 호랑이가 나타났다는 이야기가 들렸어.
그 말을 들은 변장자는 호랑이를 잡으려고 했어.
그러자 여관의 사동 아이가 그를 말려.
"지금은 호랑이 두 마리가 서로 싸우고 있으니, 잠시 후에 한 마리가 죽고 한 마리가 큰 상처를 입거든 그때 가서 잡으세요."
그 말을 들은 변장자는 별 힘 안 들이고 호랑이 두 마리를 잡았대.
이 이야기가 '일거양득'의 유래가 돼.

임기응변이 뭐야?

임기응변
臨 機 應 變
임할 **림**　틀 **기**　응할 **응**　변할 **변**

어떤 사태나 일을 대하였을 때 그 상황에 맞게 융통성 있게 일 처리를 하는 것을 말합니다. '임하다'는 '어떤 사태나 일을 대하다'라는 뜻이에요.

엉뚱발랄 남매의 대화

 **잠깐! 똑똑해진 남매의 퀴즈**

 '임기응변'의 '기'자는 어떤 뜻으로 사용되는지 아니?

 때(시간)라는 뜻으로 사용되기도 하고, 기계라는 뜻으로 사용되기도 해.

 이런 뜻으로 쓰인 대표적인 단어에는 어떤 게 있을까?

 때에는 기회, 계기 등이 있고, 기계에는 비행기, 방직기 등이 있어.

 낱말의 뜻을 보고 어떤 뜻으로 사용되었는지 구분할 수 있겠구나.

 맞아. 굳이 한자사전을 찾아보지 않아도 '임기응변'을 통해서 어떤 뜻으로 사용되었는지 구분할 수 있을 거야.

 **고사성어 깊이 파헤치기**

제나라에 안영이라는 인물이 있었어.
그는 비록 키는 작지만 재치가 넘치고 임기응변에 능한 인물이었지.
안영이 초나라에 외교 사신으로 갔을 때의 일이야.
초나라 왕은 제나라에 얼마나 인물이 없길래 안영같이 왜소한 사람을 사신으로 보냈느냐고 놀려.
그러자 안영은 제나라에서는 어진 왕에게는 어진 사람을, 어질지 못한 왕에게는 어질지 못한 사람들 사신으로 보낸다고 하며 제나라 사람 중에 자신이 가장 어질지 못해 어쩔 수 없이 초나라에 왔다고 해.
초나라 왕이 어질지 못하다고 한 방 먹인 거지 뭐.

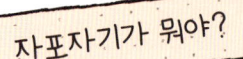

자포자기
自暴自棄
스스로 자 사나울 포 스스로 자 버릴 기

스스로를 해치고 스스로 포기하는 것을 뜻합니다. 즉 절망에 빠져 자신을 스스로 포기하고 돌보지 않는 것을 말합니다.

엉뚱발랄 남매의 대화

> 힘 내. 그렇게 자포자기할 이유가 없다니까.

> 위로해 줘서 고마워. 다시 해 봐야겠다. 너희들도 도와줄 거지?

> 응, 근데 이 도미노 준비하는 데 몇 시간 걸렸다고 했지?

> 절반 정도 하는 데 2시간 걸린 거 같아.

> 흠~ 도와주기는 할 건데 오늘 말고 내일 하자. 지금 시간이...

> 그래, 내일 더 멋지게 만들어 보자.

 **잠깐! 똑똑해진 남매의 퀴즈**

 포기, 절망보다는 희망적인 표현들을 함께 찾기 시합해 볼까?

좋아. '전도유망'이라는 표현이 있어. 앞으로 잘 될 희망이 있다는 뜻이야.

 '자라나는 초목은 꺾지 않는다'는 우리 같은 젊은이들의 꿈과 희망을 함부로 하지 말라는 뜻이야.

우리나라 속담 중에 '죽을병에도 살 약이 있다'는 표현을 찾았어.

 '하늘은 스스로 돕는 자를 돕는다' 이 표현도 멋진 거 같아.

맞아. 어떤 경우에도 '자포자기'하면 안 될 것 같아.

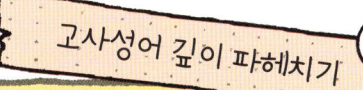 **고사성어 깊이 파헤치기**

중국의 큰 스승 중 한 명인 맹자는 이렇게 말해.

"스스로를 해치는 사람과는 함께 진리를 이야기할 수 없고
또 스스로를 버리는 자와는 함께 진리를 실천할 수 없다네.
예의를 모르고 지키지 않는 것은 스스로를 해치는 것이고
올바른 뜻에 따라 실천하지 않는 것은 스스로를 버리는 것이라네.
인은 사람의 편안한 집이고 의는 사람의 바른 길인데
이를 버리고 행하지 않으니 슬픈 일이다."

정중지와가 뭐야?

정중지와
井中之蛙
우물 **정** 가운데 **중** 갈 **지** 개구리 **와**

'우물 안 개구리'라는 뜻입니다. 우물 안에 사는 개구리는 우물 크기만 한 하늘 외에 다른 것은 볼 수가 없겠지요. 그러한 모습을 빗대어 표현하는 것으로, 아는 것과 경험이 적은 사람을 일컫는 말입니다.

엉뚱발랄 남매의 대화

 **잠깐! 똑똑해진 남매의 퀴즈**

'정중지와'와 비슷한 뜻을 가진 표현들이 있을까?

 '무지몽매'나 '천하태평' 등을 들 수 있어.

'천하태평'은 평화롭다는 뜻 아니야?

 그런 뜻도 있긴 한데 성격이 느긋해서 세상물정을 잘 모르는 경우에도 사용한대.

그런 비슷한 표현으로 '숙맥'도 있어.
콩과 보리를 구분 못할 정도로 세상물정에 어두운 사람을 말해.

 휴, 다행이다. 콩과 보리는 구분할 수 있어서 말이지.

그러게.

 **고사성어 깊이 파헤치기**

황하강의 신 화백은 자신이 다스리는 황하가 큰 강인 것을 무척 자랑스러워했어. 그러다 처음으로 강의 끝까지 내려가 바다를 보게 되었지.
바다를 본 그는 그 거대함에 너무 놀라 북해의 신 약에게 이렇게 말해.
"나는 황하가 세상에서 제일 넓은 줄 알았는데 바다를 만나고 넓은 것보다 더 넓은 것이 있다는 것을 깨달았소."
이에 북해의 신 약은 우물 안 개구리에게 바다에 대해 말할 수 없는 것은 그들이 사는 곳에만 시야가 사로잡혀 있기 때문이라 대답해.

조령모개가 뭐야?

조령모개
朝 令 暮 改
아침 **조** 하여금 **령** 저물 **모** 고칠 **개**

아침에 내린 명령을 저녁에 고친다는 뜻입니다. 아침에 만든 법령을 저녁에 고친다면 그 법령을 따르는 사람들은 얼마나 힘이 들까요. 어떤 일에 일관성이 없는 것을 일컫는 말입니다.

엉뚱발랄 남매의 대화

"지난번에 방 청소 안 한 것 벌금 200원! 숙제 미리 안 한 것 300원! 이렇게 정하기로 했지?"

"왜 웃는 거야?"

"착한 조령모개 감사합니다. 지난번에 300원, 400원 하기로 했는데 100원씩 줄여주셨네요. 배려 감사합니다."

"야, 그럼 원래대로 해야지."

"아빠, 그러면 진짜 조령모개가 되지요. 말씀하신 200원, 300원으로 통촉하여 주시옵소서!"

"에휴, 내가 잘못 기억했으니 이번에는 일단 넘어가자."

 **잠깐! 똑똑해진 남매의 퀴즈**

 '조령모개'와 뜻이 비슷한 표현이 뭐가 있을까?

'조령석개', '조변석개' 등이 있어.

 '조령모개'의 '개'자가 사용되는 한자어는 어떤 게 있을까?

개선이나 개정이 있어.

 고사성어 중에는 어떤 것이 있을까?

'개과천선'!

 **고사성어 깊이 파헤치기**

조착은 중국 한나라 때 사람으로, 높은 벼슬을 하고 경제에 밝은 사람이었어.
그는 당시 지속적으로 흉노족의 침략을 받던 한나라가 부족한 식량 문제를 해결할 수 있도록 방안을 제시해.
그런데 그 방안에는 농민들의 어려움도 담겨져 있었어.
농민들에게 갑자기 세금을 징수하고 부역에 동원시키는 것은 물론이고, 부역과 세금의 시기가 정해져 있지 않으면 아침에 영을 내리고 저녁에 고치는 결과를 가져오니 일관성이 있어야 된다고 주장해.
지금 보면 합리적인 주장이지만 당시 세력을 가진 사람들에게는 미움을 사서 결국 조착은 억울한 죄명으로 사형을 당하고 말아.

조삼모사가 뭐야?

조삼모사
朝 三 暮 四
아침 **조**   석 **삼**   저물 **모**   넉 **사**

아침에 3개, 저녁에 4개라는 뜻입니다. 결과적으로 같은 것인데 눈앞의 것만 보고 그 차이를 모르는 어리석음을 빗대어 하는 말입니다. 또 얕은꾀로 다른 사람을 속이는 행동을 일컫기도 합니다.

엉뚱발랄 남매의 대화

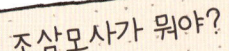

—마트에서—

"어머니, 이렇게 여러 개 묶여 있는 라면이 쌀 테니까 이걸로 살까요?"

"그건 계산해 봐야지."

"이거 조삼모사네요? 묶어서 싸게 파는 것처럼 해 놓고 실제 금액은 똑같아요."

"그래서 가격 확인은 꼭 해야 하는 거란다."

"그럼 이 아이스크림도 낱개와 묶음 가격이 같을 테니까 부담 없이 "아이스크림 하나만 사 주세요."라고 할 수 있겠어요. 어머니 아이스크림 하나만…"

"다시 계산해 보렴. 이건 묶음이 더 싸단다."

 **잠깐! 똑똑해진 남매의 퀴즈**

 '조삼모사'는 얕은꾀로 다른 사람을 속이는 행동을 말해. 비슷한 표현이 있을까?

'감언이설'도 비슷하게 사용할 수 있을 것 같아.

 그 외에 꾀에 관한 표현들에는 어떤 게 있을까?

눈가림만 하는 일시적인 꾀나 방법을 '미봉책'이라고 해.

 속담 중에도 '제 꾀에 제가 넘어간다'는 재미있는 표현이 있더라고.

흠, 내가 많이 겪는 일이 속담에도 있네.

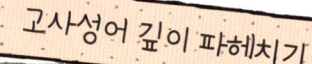 **고사성어 깊이 파헤치기**

송나라의 저공은 원숭이를 많이 길렀어.
먹이가 부족하게 되자 저공은 원숭이들에게 앞으로 아침에 도토리 3개, 저녁에 4개를 주겠다 말해.
그러자 원숭이들은 아침에 도토리 3개면 너무 적다고 화를 내.
그러자 저공은 그럼 아침에 4개를 주고 저녁에 3개를 주겠다고 하지.
그랬더니 원숭이들이 좋아했다는 일화가 전해져.

죽마지우가 뭐야?

죽마지우
竹 馬 之 友
대**죽** 말**마** 갈**지** 벗**우**

대나무 말을 함께 타던 친구, 즉 어릴 적부터 같이 놀던 친구를 말하는 것입니다. 지금 기준으로 보면 어린이집이나 유치원을 함께 다닌 친구 혹은 초등학교 때 붙어 다닌 단짝 친구 정도의 표현이 되겠네요.

엉뚱발랄 남매의 대화

 **잠깐! 똑똑해진 남매의 퀴즈**

 '죽마지우'처럼 친구, 우정에 관한 고사성어가 더 있을까?

나를 알아주는 친구를 말하는 '지기지우', 거스름이 없는 친구를 뜻하는 '막역지우'라는 게 있지.

 형이나 동생이라 부를 만큼 가까운 친구 사이라는 표현도 있는데 이게 뭘까?

'호형호제' 말하는 거지?

 잘 아네. 그럼 마지막 문제, 친구는 ( ) 친구가 좋고 옷은 ( ) 옷이 좋다. ( )에 들어갈 말은?

친구는 옛 친구가 좋고 옷은 새 옷이 좋다.

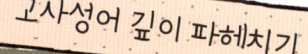 **고사성어 깊이 파헤치기**

진나라의 은호는 성품이 좋고 학문 또한 뛰어났어.
당시 황제였던 간문제는 은호에게 신하가 되어주기를 청했고, 계속 거절하던 은호는 결국 양주자사가 되어 조정에 나가게 돼.
사실 이것은 세력이 커지고 있던 은호의 옛 친구 환온을 견제하려던 간문제의 책략이었지. 결국 둘의 사이는 나빠지고 말아.
은호는 큰 전쟁에서 패배하고, 환온은 은호를 비판하는 상소를 올려. 결국 은호는 벼슬을 빼앗기고 변방으로 귀양을 가게 돼.
이때 환온은 은호와 자신의 사이를 두고 "어려서 나와 함께 죽마를 타고 놀던 친구다. 내가 죽마를 버리면 언제나 은호가 가지고 갔다. 그러니 그가 내 밑에 있는 것은 당연한 것이다."라고 하여 은호를 용서하지 않아.
결국 은호는 변방에서 생애를 마치게 되지.

중구난방이 뭐야?

중구난방
衆 口 難 防
무리 **중**　입 **구**　어려울 **난**　막을 **방**

여러 사람의 입은 막기가 어렵다는 뜻입니다. 즉 막기 어려울 정도로 여럿이 마구 지껄임을 이르는 말이지요. 그렇게 제각각 의견을 낸다면 의견이 통일되기 어렵고 조정도 쉽지 않겠죠? 그러한 상황을 뜻하는 말입니다.

엉뚱발랄 남매의 대화

잠깐! 똑똑해진 남매의 퀴즈

 '중구난방'과 비슷한 뜻을 가진 표현이 뭐가 있을까?

 '사공이 많으면 배가 산으로 간다', '목수가 많으면 집을 무너뜨린다' 같은 표현이 있어.

 아무리 기술자들이 많아도 의견이 안 모이면 일이 제대로 안 된다는 뜻이구나.

 맞아.

 그럼 반대되는 표현은 뭐가 있을까?

 여러 사람의 말이 한결같음을 뜻하는 '이구동성'이 있어.

고사성어 깊이 파헤치기

증선지라는 학자가 쓴 〈십팔사략〉이라는 역사서에 나오는 이야기야.
주나라 여왕은 백성들을 탄압하는 정치를 펼쳤어.
그러자 신하였던 소공이 이렇게 간곡히 말을 해.
"백성의 입을 막는 것은 개울을 막는 것보다 어렵습니다. 개울이 막혔다가 터지면 사람이 많이 상하는데 백성들 역시 그렇습니다."
백성들이 생각하는 대로 말할 수 있게 해 주어야 한다는 뜻이었지.
하지만 여왕은 이 말을 따르지 않았고, 결국 백성들은 반란을 일으켜서 여왕을 쫓아내 버려.

지록위마가 뭐야?

지록위마
指鹿爲馬
가리킬 지 사슴 록 할 위 말 마

사슴을 가리켜 말이라 한다는 뜻입니다. 이는 윗사람을 교묘한 꾀로 속여 제 마음대로 이용해 윗사람이 가진 힘을 마음대로 사용하는 것을 뜻합니다. 요즘은 사실이 아닌 것을 끝까지 우겨서 남을 속이려는 행동을 뜻하기도 합니다.

엉뚱발랄 남매의 대화

 **잠깐! 똑똑해진 남매의 퀴즈**

 '지록위마'처럼 말이 등장하는 고사성어가 여럿인 거 같아. 어떤 게 있을까?

우선 달리는 말과 관련된 고사성어 두 개 '주마간산', '주마가편'.

 비슷한 뜻 아니야?

완전히 다른 뜻이야.
'주마간산'은 달리는 말에서 주위를 본다는 뜻이니 자세히 알지 못한다는
뜻이고, '주마가편'은 가는 말에 채찍질한다는 뜻이야.

 역시 잘 아네. 고사성어를 같이 공부하면 '천군만마'를 얻는 느낌이야.

그나마 다행이네.
평소에는 무슨 이야기를 해도 '마이동풍'으로 들을 때가 많으니.

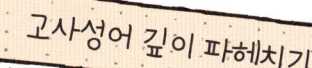 **고사성어 깊이 파헤치기**

중국을 처음 통일한 사람은 진나라 시황제야.
시황제가 죽자 환관이였던 조고는 자기 멋대로 나라를 다스리려고 해.
그래서 시황제의 유서를 위조하기도 하고 다른 많은 신하들을 죽이기도 했지.
그는 결국 승상이 돼. 그러고는 황제가 되고 싶은 마음에 계략을 꾸며.
황제 호해에게 사슴을 바치며 말이라고 한 거야.
황제가 "사슴을 왜 말이라고 하는가?" 하고 되묻자 조고를 무서워한 주위 신하들이 사슴을 보고 다들 말이라고 하지.
이 일을 계기로 황제는 정치에 손을 뗐고, 결국 조고에게 죽임을 당하게 돼.

천고마비

天高馬肥

하늘 **천** 높을 **고** 말 **마** 살찔 **비**

'하늘은 높아 푸르고 말은 살찌는 계절'이라는 뜻으로, 날씨가 화창하고 활동하기 좋은 가을을 의미합니다.

잠깐! 똑똑해진 남매의 퀴즈

 가을과 관련된 표현은 어떤 게 있을까?

'천고마비'와 비슷한 '추고마비'가 있어.

 속담에는 뭐 없어?

'여름비는 잠비 가을비는 떡비'라는 표현이 있지.
여름에 비가 오면 할 일이 없어 잠자기가 좋고,
가을에 비가 오면 풍성한 수확물로 떡을 해서 먹게 된다는 뜻이래.

 여름비, 가을비 둘 다 마음에 드네.
그리고 '늙은이 기운 좋은 것과 가을 날씨 좋은 것은 믿을 수 없다'라는
속담도 있어. 가을 날씨와 노인들의 건강은 변화가 심하다는 뜻이래.

그렇구나! 할아버지, 할머니 오래오래 건강하세요.

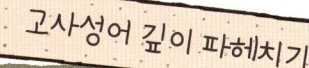

고사성어 깊이 파헤치기

'천고마비'는 지금은 날씨가 좋은 가을을 뜻하는 말이지만 원래는 그런 뜻이 아니었대.

옛날부터 중국 북방에는 흉노들이 살았는데, 그들은 초원을 근거지로 유목 생활을 하고 살았어. 겨울이 되면 식량이 부족해서 이 부족한 식량을 농사를 짓는 중국인들에게서 빼앗아 와야 했지.

그래서 변방의 중국 사람들은 하늘이 높고 말이 살찌는 가을이 가장 무섭다고 말했대. 흉노기 언제 쳐들어올지 모르니 말이야.

쾌도난마가 뭐야?

쾌도난마
快刀亂麻

쾌할 쾌 칼 도 어지러울 난 삼 마

칼로 뒤엉켜 있는 삼 가닥을 잘라 버린다는 뜻입니다. 엉켜 있는 털실이나 실 가닥을 풀려고 하면 얼마나 힘이 들까요? 이것을 풀기보다는 단번에 잘라버리는 것을 의미합니다. 쾌도는 잘 드는 칼을 말해요. 즉 복잡하게 얽혀 있는 일을 단번에 명확하게 처리하는 것을 일컫는 말입니다.

엉뚱발랄 남매의 대화

 **잠깐! 똑똑해진 남매의 퀴즈**

 고르디우스의 매듭이라고 알아?

 아니 처음 들어봐.

 예전 프리기아 지방에는 아주 복잡한 매듭으로 묶여 있는 수레 하나가 있었대. 고르디우스의 매듭이라 불리던 그 매듭을 푸는 자는 아시아를 정복할 것이라는 예언이 있었지.

 그 매듭을 누가 풀었어?

 매듭을 푼 사람은 없어. 그 매듭은 아시아 일대를 정복한 알렉산더 대왕이 잘라 버렸지.

 서양의 '쾌도난마'라 할 수 있네.

 **고사성어 깊이 파헤치기**

동위에는 고환이라는 승상이 있었는데, 그에게는 여러 명의 아들이 있었어.
고환은 아들들의 능력을 시험해 보고 싶어 했지.
그래서 어지럽게 뒤엉킨 실타래를 하나씩 주고 잘 풀어 보라고 했어.
다른 형제들은 뒤엉킨 실을 푸는 데 집중하고 있는데, 둘째 아들 고양이 칼을 들어 실타래를 잘라 버렸지 뭐야.
어지러운 것은 베어 버려야 한다면서 말이야.
이를 본 고환은 고양이 크게 될 인물이라 생각했지.
아버지의 추측대로 고양은 나중에 한 나라의 왕이 돼.

타초경사가 뭐야?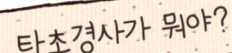

타초경사
打草驚蛇
칠 타　**풀 초**　**놀랄 경**　**긴 뱀 사**

풀을 두드려 뱀을 놀라게 한다는 뜻입니다. 별 생각 없이 한 행동이 의외의 결과를 일으키는 것을 의미합니다. 공연히 문제를 만들어 스스로 피해를 받는 경우를 말하기도 하고요. 또 한 사람에게 경고를 함으로써 주위 다른 사람들로 하여금 스스로 잘못을 깨닫게 한다는 의미도 있습니다.

엉뚱발랄 남매의 대화

- 선생님, 숙제 검사 안 하십니까?
- 아, 깜빡했네. 자, 다들 숙제 좀 확인해 볼까?
- 이게 무슨 타초경사야.
- 숙제야 당연히 해야 하는 건데 웬 타초경사야. 너 숙제 안 했구나?
- 아니거든! 안 가져온 거거든. 무사히 지나가나 했는데…
- 쯧쯧, 나처럼 확인을 잘… 어? 왜 숙제장이 없지? 이거 이상한데?
- 타초경사가 아니라 자폭 수준인데?

 **잠깐! 똑똑해진 남매의 퀴즈**

 '타초경사'는 한 사람에게 경고를 해서 다른 사람들에게 주의를 준다는 뜻도 있어. 이런 의미의 표현이 또 있을까?

'일벌백계'가 있어. 한 사람을 벌줌으로써 여러 사람들이 주의하도록 한다는 의미야.

 그 외에 또 주의하게 한다는 의미의 표현은 없을까?

'복거지계'라고 앞의 수레가 넘어지는 것을 보고 뒤의 수레가 조심한다는 뜻의 표현이 있네.

 응, 그리고 스스로 조심한다는 뜻의 '자숙자계'도 있네. 마음에 깊이 새겨야겠어.

오~ 철들려고 하는데~

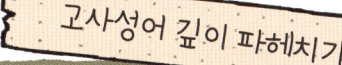 **고사성어 깊이 파헤치기**

당나라 때, 지방의 한 관리가 온갖 구실로 세금을 거두어서 자기 욕심을 채워.
너무 힘이 든 백성들은 그 관리에게 부하들의 못된 짓을 일일이 적어서 고발을 했어.
고발장을 보던 그 관리는 깜짝 놀라.
그러고는 고발장에 너희는 풀밭을 건드렸지만 나는 놀란 뱀과 같다고 적었지.
백성들이 자신에게 보내는 경고인 것을 눈치챈 거야.

토사구팽이 뭐야?

토사구팽
兔 死 狗 烹
토끼 토   죽을 사   개 구   삶을 팽

토끼가 죽으면 즉 토끼 사냥이 끝나면 사냥개는 잡아먹게 된다는 뜻입니다. 필요할 때는 요긴히 사용하지만 필요 없게 되면 야박하게 버리는 경우를 이르는 말입니다.

엉뚱발랄 남매의 대화

잠깐! 똑똑해진 남매의 퀴즈

예전에는 토끼가 흔했나 봐.
토끼랑 관련된 표현이 제법 있는 거 같아. 아는 거 있어?

세월이 빨리 지나간다는 뜻의 '토주오비'가 있지. 여기서 토끼는 달을 뜻해.

아하 달토끼. 그럼 영리한 토끼가 굴을 3개 판다는 뜻의 고사성어는 뭘까?

'교토삼굴'. 이번에는 내가 물어볼게. 개와 토끼의 다툼이라는 뜻으로, 쓸데없는 싸움을 뜻하는 고사성어가 뭐게?

'견토지쟁' 맞지? 제삼자에게 이익을 주는 어리석은 일이지.
어리석은 일이라고 하니 '수주대토'도 생각나네.

고사성어 깊이 파헤치기

범려는 월나라 왕 구천을 잘 보좌했던 신하 중 한 사람이야.
구천이 오나라를 멸망시키고 큰 힘을 가질 수 있도록 도왔던 사람이지.
하지만 범려는 구천에 대해 불안한 마음을 느껴 큰 벼슬도 팽개치고 은나라로 도망을 쳐.
그러고는 가깝게 지내던 문종을 걱정하여 새 사냥이 끝나면 좋은 활도 감추어지고, 교활한 토끼 사냥이 끝나면 사냥개도 삶아 먹는다며 피신하라고 해.
하지만 분송은 끝내 수서하다가 구천에게 의심을 받고 자결하고 말아.

파부침선이 뭐야?

파부침선
破釜沈船
깨뜨릴 **파** 가마 **부** 잠길 **침** 배 **선**

솥을 부수고 배를 가라앉힌다는 뜻입니다. 전쟁 중에 든든히 잘 먹는 것은 아주 중요한 일입니다. 그런데 그 상황에 밥을 지을 솥을 부수고 돌아갈 배를 가라앉힌다는 것은 싸워서 이겨야만 하는 상황을 만든 것입니다. 반드시 이기겠다는 강한 결의를 나타낸 말입니다.

엉뚱발랄 남매의 대화

 잠깐! 똑똑해진 남매의 퀴즈

 고사성어를 살펴보면 <초한지>나 <삼국지>에서 유래가 된 것이 많아. 그중 초나라 왕이었던 항우에 대한 고사성어가 여럿 있는데 어떤 게 있는지 알아?

'파부침선', '금의환향'이 생각나네.

 항우의 마지막과 관련된 고사성어들도 있는데 아는 것 있어?

아무래도 '사면초가'가 대표적이고, 항우의 패배를 아쉬워한 시구에서 나온 '권토중래'가 있지.

 '사면초가' 하니까 생각났다! 항우와 부인의 마지막을 다룬 경극(중국의 연극)이 있는 데 혹시 뭔지 알아?

<패왕별희>라는 작품으로 알고 있어. 그걸 소재로 한 영화도 유명한 것 같아.

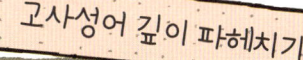 고사성어 깊이 파헤치기

진나라 말기에 여기저기에서 반란이 일어났어.
초나라의 항우도 반란을 일으킨 이들 중 한 명이었는데, 자신의 군대가 공격당하고 있다는 이야기를 들은 항우는 직접 출병하기로 해.
그러고는 공격을 위해 강을 건너자마자 타고 왔던 배를 부숴 버려.
가지고 온 솥과 주위의 집도 다 없애 버렸어.
병사들에게는 3일치 식량만 나누어 주지.
병사들 입장에서는 싸워서 이기는 것밖에는 살아남을 방법이 없었던 거야.
결국 필사적으로 싸운 항우의 군대는 진나라 군대와의 싸움에서 큰 승리를 거둬.

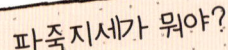

파죽지세
破 竹 之 勢
깨뜨릴 **파** 대 **죽** 갈 **지** 형세 **세**

대나무를 쪼갤 때의 강한 기세라는 뜻입니다. 세력이 강대해 대적할 상대가 없음을 의미하기도 하지요. 요즘은 일이 매우 잘 되어가는 상황을 뜻하기도 합니다.

엉뚱발랄 남매의 대화

- 우리나라 여자 쇼트트랙 경기를 보면 정말 시원시원한 거 같아.
- 맞아. 파죽지세라는 말이 바로 저럴 때 쓰는 거구나 싶어. 예선부터 결선까지 전부 1위, 신기록이니 말이야.
- 어떻게 저렇게 탈 수 있지? 너무 멋있어. 나도 이참에 스케이트 배워 볼까?
- 음, 일단 부모님을 설득해 봐야겠지만 네가 하고 싶다고 한 게 너~무 많아서 그것까지 허락해 주실지 모르겠네…
- 그렇구나. 내가 부모님이어도 허락 안하겠다!

잠깐! 똑똑해진 남매의 퀴즈

 '파죽지세'와 비슷한 표현이 뭐가 있을까?

 '승승장구'나 '기고만장', '세여파죽'이 '파죽지세'와 비슷한 뜻으로 사용되는 것 같아.

 속담에는 어떤 표현이 있어?

 '범 탄 장수 같다'와 '산도 허물고 바다도 메울 기세'도 비슷한 의미로 사용할 수 있을 거 같아.

 혹시 반대 의미로 사용되는 표현도 아는 것 있어?

 잘 진행이 되지 않는다는 뜻의 '지지부진'이 있어.

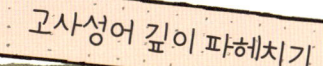 

고사성어 깊이 파헤치기

삼국시대의 통일을 마무리한 진나라 두예 장군의 이야기야.
두예가 20만 대군을 이끌고 오나라를 점령하려고 해.
무창을 점령한 두예가 회의를 열었는데, 한 장수가 강물이 범람하고 전염병이 오는 시기이니 후퇴했다가 겨울에 다시 공격하자고 했지.
하지만 두예는 그 의견을 받아들이지 않고 "우리 군사의 사기가 대나무를 쪼갤 때의 맹렬한 기세와 같다."고 말하며 공격을 명령해.
두예는 바로 이어진 공격에서 오나라의 수도 건업을 점령하고 오왕의 항복을 받아냈어.

함흥치사가 뭐야?

함흥차사
咸興差使
다 **함**　일 **흥**　보낼 **차**　사신 **사**

함흥에 갔다 돌아오지 않은 사신을 가리키던 말로, 심부름 간 사람이 소식이 없거나 어떤 일에 대한 답이 없는 것을 일컫는 말입니다. 차사는 조선 시대 중요한 임무를 위하여 왕명으로 파견하던 관직의 이름입니다.

엉뚱발랄 남매의 대화

 **잠깐! 똑똑해진 남매의 퀴즈**

 '함흥차사'처럼 소식에 관한 표현은 뭐가 있을까?

'종무소식', '일무소식'이 있어.

 어떤 뜻이야?

아무 소식도 없는 경우를 말한대.
'함흥차사'랑 비슷한 뜻이야. 속담 중에는 비슷한 표현 없을까?

 비슷한 의미로 속담 중에 '꿩 구워먹은 소식'이라는 표현도 있어.

그래도 '무소식이 희소식'이라는 표현도 있으니
가끔은 아무 소식 없는 게 좋을지도 모르지 뭐.

고사성어 깊이 파헤치기

함흥차사는 조선 후기의 야담집 〈축수편〉에 실려 있는 이야기에서 유래가 돼. 고려의 장수였던 이성계는 조선을 세워. 혼란했던 조선 초기에 왕자들은 서로 왕위를 물려받기 위해 다툼을 벌였지. 자식들 간의 다툼에 화가 난 태조 이성계는 원래 살던 함흥으로 가 버려. 이에 왕위를 물려받은 이방원은 아버지를 다시 수도로 모시기 위해 여러 번 사신(차사)을 보내. 하지만 이성계가 그들을 모두 죽이거나 가두어서 돌려보내지 않았다고 해. 여기서 유래된 말이야.
그런데 역사에 따르면 사실 이성계가 함흥차사를 죽인 건 아니라고 해.

허장성세가 뭐야?

허장성세
虛 張 聲 勢
빌 **허**   베풀 **장**   소리 **성**   형세 **세**

헛되이 소리만 높인다는 뜻입니다. 즉 실속이나 실력은 없으면서 큰소리를 치거나 허세를 부리는 것을 말합니다.

엉뚱발랄 남매의 대화

임진왜란 때 김시민 장군이라는 분이 대단했나봐요.

그럼, 진주성 전투로 유명한 분이지. 3800명의 병력으로 왜군 3만 명의 공격을 일주일이나 막아내며 승리로 이끌었지.

우와, 어떻게 그게 가능한 거예요?

병력차가 크니까 여자까지 남장시켜 허장성세를 펼치고 주위의 사용 가능한 모든 것들을 이용해서 전투를 벌였다더구나.

아빠, 이제 그만이요! 제가 가서 역사책 좀 찾아볼게요. 갑자기 어떤 분인지 자세히 알고 싶어지네요.

 **잠깐! 똑똑해진 남매의 퀴즈**

 '허장성세'와 비슷한 뜻을 가진 표현, 허세와 비슷한 뜻을 가진 표현이 뭐가 있을까?

'호왈백만'이라는 표현이 있네. 말로는 백만인데 실제로는 얼마 안 되는 걸 뜻한대.

 재미있네. 우리 속담에는 그런 거 없을까?

'으르렁대는 소는 받지 않는다'는 표현이 있네. 능력 없는 사람이 큰소리치는 걸 뜻한대. '빈 수레가 요란하다'도 비슷한 거 같아.

 찾아보니까 비슷한 표현으로 '조석(밥)은 굶고도 이는 쑤신다', '가난할수록 기와집 짓는다'는 표현도 있네.

기와집 지을 돈이면 아껴서 살면 한동안은 잘 살 수 있을 텐데 허세는 말릴 수가 없나 보네.

 **고사성어 깊이 파헤치기**

중국의 진나라 장수인 위주와 선진이 위나라의 오록성을 공격할 때의 일이야.
선진은 군사들에게 산이나 언덕을 지날 때마다 군을 상징하는 깃발을 꽂으라고 했어.
이에 위주가 공격은 조용히 하는 것이 맞지 않냐고 묻자 선진은 위나라 백성들에게 우리 군대가 많아 보이도록 해 미리 겁먹게 하려고 한다고 말해.
실제로 위나라 사람들은 수많은 깃발을 보고 도망을 가 버려.
이에 진나라는 손쉽게 오록성을 함락시킬 수 있었지.

형설지공이 뭐야?

형설지공
螢雪之功
반딧불이 형 눈 설   갈 지   공 공

말 그대로 해석하면 반딧불이와 눈으로 이루어진 공적, 성공 등을 뜻합니다. 반딧불이는 꼬리에서 빛이 나는 곤충입니다. 밤에 공부할 불빛이 없어 반딧불이와 눈에 비친 빛을 이용하여 공부해 이룬 성공이라는 뜻으로, 어려움을 이겨내고 성공한 것을 일컫는 말입니다.

엉뚱발랄 남매의 대화

# 잠깐! 똑똑해진 남매의 퀴즈

'형설지공'처럼 공부에 관한 다른 표현은 뭐가 있을까?

대표적인 것이 '주경야독' 아닐까?

그러게. 낮에는 밭 갈고 밤에는 공부한다니 정말 힘들 거 같아.

공부에 관한 표현은 부담을 주는 것들이 많은 것 같아.

맞아. '공부는 늙어 죽을 때까지 해도 다 못한다', '논 자취는 없어도 공부한 공은 남는다' 등등.

어휴~ 부담감이 팍팍 오네. 오! 우리에게 도움이 되는 서양 속담도 하나 있네. '놀지 않고 공부만 하면 바보가 된다' 이거 좋네.

고사성어 깊이 파헤치기

손강이라는 사람은 집이 가난해서 기름을 살 수 없었어. 하지만 밤에도 공부를 멈추고 싶지 않았지. 그래서 밤이면 눈빛에 책을 비추어 글을 읽었어.
그는 그렇게 열심히 공부한 덕에 높은 벼슬에 올랐지.
또 차윤이라는 사람도 가난하여 기름을 구할 수가 없었어. 그래서 여름이면 많은 수의 반딧불을 주머니에 담아 그 빛으로 공부를 했다고 해.
그도 마찬가지로 높은 벼슬에 올랐지.
두 사람의 이야기를 합쳐서 '형설지공'이라고 해.

호가호위가 뭐야?

호가호위
狐假虎威
여우 호 거짓 가 범 호 위엄 위

여우가 호랑이의 위엄을 빌린다는 뜻입니다. 숲속에서 그리 큰 힘을 가지지 못한 여우가 호랑이의 힘을 빌려 강한 척하는 것을 말합니다. 즉 힘이 그리 강하지 못한 사람이 다른 사람의 힘을 마치 제 것인 양 허세를 부리는 것을 말합니다.

엉뚱발랄 남매의 대화

잠깐! 똑똑해진 남매의 퀴즈

 고사성어 '호가호위'에는 어떤 동물이 나오는지 알아?

그야 당연히 알지. '호랑이 호'자와 '여우 호'자가 쓰였으니 호랑이와 여우 두 동물이 나오지, 여우가 나오는 고사성어가 또 있나?

 글쎄 잘 모르겠어.

아, '수구초심'이 있지.

 '수구초심'이 무슨 뜻이야?

이 책에 있으니 찾아보렴.

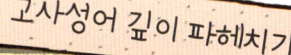

고사성어 깊이 파헤치기

초나라의 선왕이 신하들에게 물었어.
"북방의 여러 나라들이 우리 재상 소해휼을 두려워하고 있다는데 그게 사실이오?"
그러자 신하 중 한 사람이 나서며 말했지.
"어느 날 호랑이에게 잡힌 여우가 '나는 하늘의 명을 받고 내려온 사자다. 네가 나를 잡아먹으면 너는 천벌을 받게 될 거다. 만약 내 말이 믿기지 않는다면 내가 앞장설 테니 내 뒤를 따라와 봐라. 달아나지 않는 짐승이 없을 테니.'라고 했습니다. 호랑이가 여우의 뒤를 따라갔더니 여우의 말대로 만나는 짐승마다 달아났어요. 사실 짐승들은 여우가 아니라 호랑이가 무서워 달아난 것이지요.
이처럼 여러 나라들이 두려워하는 것은 재상 소해휼이 아니라 그 뒤에 있는 임금님의 강한 군사력입니다."

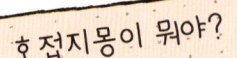

호접지몽
胡蝶之夢
오랑캐 이름 **호** 나비 **접** 갈 **지** 꿈 **몽**

나비가 된 꿈이라는 뜻입니다. 도가에서 이야기하는 물아일체(사물과 내가 하나가 되는 것)의 경지 혹은 인생의 덧없음을 일컫는 말입니다.

엉뚱발랄 남매의 대화

물아일체라는 가르침은 나와 어떤 사물이 하나가 되는 것을 의미해요. 다른 말로 호접지몽이라고도 하지요.

제 친구 중에 물아일체를 자주 경험하는 친구가 있는데…

오, 그런 친구가 다 있다고? 놀랍네.

네, 선생님. 그 친구가 게임기만 잡으면 주위의 어떤 말도 못 듣고 게임기만 쳐다보더라구요.

이런~호접지몽이 아니라고 할 수는 없지만, 그건 게임 중독이라고 하는 게 더 맞을 거 같은데…

 **잠깐! 똑똑해진 남매의 퀴즈**

 '호접지몽'처럼 나비와 관련된 표현에는 어떤 게 있을까?

나비야 나비야 이리 날아 오너라? 농담이고, '꽃이 좋아야 나비가 모인다' 어때? 상품이 좋아야 손님이 온다는 뜻이래.

 '꽃 없는 나비'라는 표현도 있네, 앞에 나왔던 '구슬 없는 용'과 비슷한 뜻이라네.

쓸모없는 처지라는 뜻이구나. '범 나비 잡아먹듯' 이런 표현도 재미있네.

 범이 나비도 먹나?

먹기는 하겠지만 먹어서 배가 부를까. 음식의 양이 부족할 때 사용하는 표현이래.

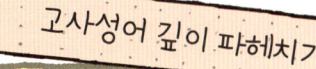 **고사성어 깊이 파헤치기**

장자는 중국의 큰 스승으로 불리는 사람 중 한 사람이야.
어느 날 그가 꿈을 꾸었는데 꿈속에서 자신이 나비가 되어 아름다운 꽃 사이를 즐겁게 날아다니는 게 아니겠어?
그러다 문득 깨어 보니 다시 장자가 된 거야.
이에 장자는 자기가 꿈속에서 나비가 된 것인지 아니면 나비의 꿈속에서 장자가 된 것인지 구분할 수 없었다고 해.
이 일을 계기로 꿈과 현실을 구분하는 것이 의미 없음을 깨닫게 되었다고 하지.
'호접지몽'은 여기에서 유래가 된 말이야.

화룡점정이 뭐야?

화룡점정
畫龍點睛
그림 **화** 용 **룡** 점 **점** 눈동자 **정**

하늘을 날아오르는 용을 멋지게 그리고 마지막으로 눈동자를 그린다는 뜻입니다. 그림의 어느 부분이나 마찬가지겠지만 특히 얼굴에 눈이 빠져 있다면 아무리 멋진 용이라도 무언가 부족하다는 생각이 들 것입니다. 그래서 화룡점정은 마지막으로 가장 중요한 부분을 완성하는 것을 뜻합니다.

엉뚱발랄 남매의 대화

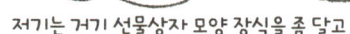

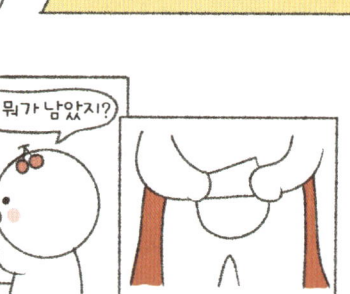

 잠깐! 똑똑해진 남매의 퀴즈

 난 상상의 동물 중에 용이 제일 멋진 거 같아.
넌 알고 있는 상상의 동물 뭐 있어?

주작, 백호, 기린 같은 동물이 있어.

 그럼 상상의 동물과 관련된 표현도 알고 있어?

그럼~ '개천에서 용 난다'는 표현이 있지.
또 재주가 뛰어난 젊은이를 '기린아'라고 하기도 해.

 고사성어 깊이 파헤치기

중국 양나라에는 장승요라는 이름난 화가가 있었어.
어느 날 그는 금릉에 있는 안락사라는 절에 용 두 마리를 그리게 되었는데, 완성된 용에 눈동자가 그려져 있지 않은 게 아니겠어?
당연히 사람들은 이상하게 여겼어. 의아함을 느끼는 사람들에게 장승요는 "눈동자를 그리면 용이 날아가 버리기 때문이요."라고 대답했지.
사람들이 말도 안 되는 이야기라고 하자 장승요가 용의 눈동자를 그려 넣었어.
그러자 큰 소리와 함께 용이 하늘로 올라가 버렸대.
사람들은 보고도 믿을 수가 없었지.

화사첨족이 뭐야?

화사첨족
畫蛇添足
그림 화　긴 뱀 사　더할 첨　발 족

뱀을 그리면서 발까지 더 그려 넣었다는 뜻으로, 하지 않아도 될 일을 더 해서 오히려 일을 그르치는 것을 말합니다. 뱀에게는 실제로 발이 있을까요, 없을까요? 정확히 말하자면 '발이 있었는데 퇴화했다'가 맞는 답이랍니다.

엉뚱발랄 남매의 대화

잠깐! 똑똑해진 남매의 퀴즈

 '화사첨족'이라는 고사성어에 등장하는 동물이 뭔지 아니?

바로 뱀이지, 뭐긴 뭐겠어?

 그럼 '화사첨족'이라는 말을 줄여서 많이 사용하는데, 그 줄임말은 뭐게?

그거야 '사족'이라고 하지.
그럼 넌 뱀이랑 관련된 고사성어 또 아는 거 있어?

 당연히 있지. '타초경사'라고 있잖아.
풀을 두드려서 뱀을 놀라게 한다는 뜻!

고사성어 깊이 파헤치기

사람들이 술을 마시고 있는데, 술이 부족한 거야.
그래서 내기를 하기로 했지.
바로 뱀을 먼저 그리는 내기였어.
내기가 시작되자 한 사람이 잽싸게 뱀을 그리고는 술을 마시려고 했지.
우쭐한 마음에 그는 "나는 뱀의 발까지 그릴 수 있소." 하며 한 손으로 뱀의 발까지 그려 넣었어.
그러자 옆에 있던 사람이 "뱀에게는 발이 없는데 발까지 그렸으니 이건 뱀이 아니오." 하며 술잔을 빼앗아 가 버렸대.